全国小学生校园美文精品集萃丛书

七色阳光
小少年

小荷初绽满池香

《语文报》编写组 编

时代文艺出版社

图书在版编目（CIP）数据

小荷初绽满池香 / 《语文报》编写组编 . —长春：时代文艺出版社，2018.8（2023.6重印）
（"七色阳光小少年"全国小学生校园美文精品集萃丛书）

ISBN 978-7-5387-5877-1

Ⅰ.①小… Ⅱ.①语… Ⅲ.①作文－小学－选集 Ⅳ.①H194.4

中国版本图书馆CIP数据核字（2018）第117913号

出 品 人 陈 琛
产品总监 郭力家
责任编辑 刘 兮
装帧设计 孙 利
排版制作 隋淑凤

小荷初绽满池香

《语文报》编写组 编

出版发行 / 时代文艺出版社
地址 / 长春市福祉大路5788号 龙腾国际大厦A座15层 邮编 / 130118
总编办 / 0431-81629751 发行部 / 0431-81629758
官方微博 / weibo.com / tlapress
印刷 / 北京一鑫印务有限责任公司
开本 / 700mm×980mm 1 / 16 字数 / 153千字 印张 / 11
版次 / 2018年8月第1版 印次 / 2023年6月第5次印刷 定价 / 34.80元

图书如有印装错误 请寄回印厂调换

编 委 会

目 录

我想握住你的手

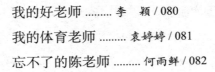

蒲公英的梦想

幸福的滋味

她改变了我

童年趣事

　　花瓣纷纷扬扬地落下来，像灵动翻飞的蝴蝶，真是美极了！我在树下快乐地张开双臂，轻盈地转着圈，就像个桃花仙子，正享受着阳光、春风，还有浪漫的桃花雨。

童年趣事

韦秀林

"池塘边的榕树上，知了在声声叫着夏天。操场边的秋千上，只有那蝴蝶停在上面。黑板上老师的粉笔，还在拼命叽叽喳喳写个不停。等待着下课，等待着放学，等待游戏的童年……"每当哼起这首歌，我就不由得想起童年时的事。

记得外婆家的后院有几棵桃树，只要春天一到，那儿的桃花就会开得粉艳艳的，娇嫩欲滴。

那天，春风和煦，我慵懒地倚靠在桃花树下，呆呆地望着天空。几片桃花被风吹落，调皮地打着旋儿，从我眼前飘落。"好漂亮的花瓣！"我被它的美吸引，一下子跳起来，抬头，一大片一大片的桃花缀满枝头。我抱住树干使劲摇晃，花瓣纷纷扬扬地落下来，像灵动翻飞的蝴蝶，真是美极了！我在树下快乐地张开双臂，轻盈地转着圈，就像个桃花仙子，正享受着阳光、春风，还有浪漫的桃花雨。不知过了多久，我玩累了，又继续坐到树下，收集桃花。我去荷塘摘了一大片荷叶，铺在树下，开始趴在地上寻找没被我踩碎的花瓣。然而，大多都已残缺不全了。望着一地被我踩躏的桃花"残骸"，再望着树上寥寥无几的花，突然觉得很对不起它们，我踩碎了它们那么多的同伴，它们一定很生气吧，说不定还会惩罚我！我越想越害怕，竟大哭起来。外婆闻声赶来，我像是找到救兵般，一下子扑到她怀里，把哭的原因悉数道出。我一说完，外婆便哈哈大笑，笑得腰都弯了。半晌，才捏着我的脸嗔怪道："你这丫头，看你以后还这么调皮。快去把花瓣扫到树下，它们就不会怪你了。"我信以为真，忙不迭地搬来扫把仔细扫起来。外婆在一边看着，又笑了。

这件趣事我现在仍记忆犹新，不禁感慨：儿时的记忆充满了太多太多的欢声笑语，可如今，却只能循着这条记忆的路，慢慢回味了……

给泥鳅洗澡

张翼龙

003

随着银铃般清脆的声音，我想起了童年的生活。那时的我是幼稚的。有那么一件事，至今想起，仍记忆犹新。

"扑腾、扑腾……"盆中的小泥鳅打了鸡血似的不安分地乱跳，溅得我的身上又多了几个泥点子。

"妈妈，'老泥鳅'怎么这么脏呀？""啊？呵呵，你怎么叫它们'老泥鳅'？你知道它们的年龄多大吗？""当然，你看，它长了两条长长的胡子！""呵呵……你呀！"妈妈笑着走了回去。

"妈妈，我们给泥鳅洗个澡吧！它们身上又脏又滑，一定挺难受的！""好好好，你给它们洗吧！"说来就来，我伸出手去抓它们，可哪知，刚抓住一条，它便"哧溜"一下滑出我的手心，我又一把下去，抓住一条，结果它一挺身，蹦回了盆里。我坐下，看着那一盆活蹦乱跳的东西直犯愁。我心里顿时闪过一个念头——可以给它们洗"泡沫浴"呀！我泡起肥皂，将它弄成一小块一小块的，还加入了不少洗涤粉，这才满意地坐下了……

过了一会儿，泥鳅们开始"大闹天宫"，不安分地凶跳。我自言自语道："急什么，一会儿就洗完，可舒服哩！"但它们仍我行我素，又过了一会儿，它们一个个肚皮朝天了……我颇为得意地说："咋样？很舒服吧！""快来吃饭了，儿子！"妈妈过来叫我，看见满地的水、脏兮兮的我与泡在水里死去的泥鳅，吓了一跳！

童年，人生的出发点，梦一样美好的黄金时间。童年，像一条船，装满了玩具，装满了糖果，同时也装满了无尽的快乐。

我 的 童 年

卞文琪

童年，如快乐的港湾，如自由飞翔的小鸟，如天真纯洁的白云。童年是快乐的，也是自由的。在我记忆中，我的童年，有哭有笑，其乐无穷。

记得有一次，我和几个小伙伴丢沙包时，当我出局之后再一次上场，还没有来得及闪，沙包"啪"的一声砸在了我的脸上，也不知道里面装的是什么东西，疼得我直哭。我哭着跑回家里，爸爸妈妈还有爷爷都没在家，只有奶奶在厨房里做饭。奶奶见我哭着回家，急忙说："谁欺负你了？"我抽泣道："是一个沙包。"奶奶安慰我说："没事没事，奶奶给你吹吹，不哭了！"然后，奶奶从厨房里给我拿出一个炸鸡翅，我吃着香喷喷的炸鸡翅，马上就破涕为笑了。

在村西边，有一个水湾，里面长满了碧绿的荷叶，夹杂着几朵淡粉色的荷花，站在水湾的边上，荷叶散发出阵阵清香。记得有一次，我和姐姐到水湾边上摘荷叶回家时，半路突然杀出一条绿花蛇来，吓得我们急忙跑回原地。过了一会儿，我们再跑过去时，蛇已经不见了。我们还是害怕，但是我们又急于想回家，便头也不回地跑回村里。自那以后，我再也不敢独自一个人去水湾那里了。

童年，就在这快乐的时光中走了。我也在慢慢长大，多了烦恼，少了快乐，离开了童年的快乐，离开了童年的自由。

纸 飞 机

005

向闽星

每个人都有属于自己的童年，每个人的童年也都是多姿多彩的。但我们的童年在通常情况下会被记忆尘封，只有开启了尘封的记忆，才会回忆起那多姿多彩、无忧无虑的生活。

一天下午，我去外婆家，几乎没有什么好玩的，我正无聊地坐在椅子上时，堂妹回来了，人还未见，一架纸飞机已经晃悠悠地飞进来，似乎它本身已经受损严重，在天空中斜斜飞了几圈，便迫不及待地完成了它的迫降。

这让我回忆起了那段最难忘的童年时光。看！那是某同学制作的"盘龙号"，它像一个优美的舞者，时而上升，时而下降，时而盘旋，时而直飞，以最优美的降落赢得了同学们一阵惊叹与羡慕，纷纷找那位同学讨要"盘龙号"的制作方法。瞧！那是"乌鸦号"，它在飞行距离比赛中成功夺魁。不得不说，它飞行的距离真的是无"机"能及呢。看着"盘龙号"和"乌鸦号"各自成功，我也着急地"研制"出了我自己的专属纸飞机——"梦想号"。或许它直飞能力不及"乌鸦"，或许盘旋能力不如"盘龙"，但它的滑翔能力却绝对是所有飞机中首屈一指的。果然，"梦想号"在滑翔和持久能力方面双双夺魁。我自豪地告诉伙伴们，如果不是制作急了点儿，还能更厉害呢。

看着飞回来的纸飞机，突然想重温一下童年的旧时光，便叫上堂妹二人跟姐姐弄了一个飞机比赛，要求每个人都制作出属于自己的飞机，然后一起比赛。"好了，开始吧。"最小的堂妹说道。她的飞机最灵巧，叫"新生号"。大点儿堂妹的飞机是"探索号"，姐的飞机是"轮回号"。开始的口令响起，四架纸飞机破空而出。其中的"梦想号"载着我的童年与梦想，驶向远方……

再见，我的童年

宋　洁

时间轻轻拍着我的肩膀，拉着我启程，回首凝望，我向着童年挥手告别：再见，童年。

　　还记得小的时候，楼下总有一大群和我年龄相仿的小伙伴。我们每天下午都会不约而同地聚到一起玩。那时候，玩什么都行，怎么玩都可以：跳皮筋、捉迷藏、吹泡泡、过家家……

　　记得刚进入一年级时的一个星期天，我和同班同学一起比赛吹泡泡。我们每个人手中都拿着一个小瓶子，瓶子里插着吸管，对着沙发，将泡泡吹到上面。我们鼓足腮帮，努力地吹着。一个个泡泡在管子上探头探脑，随后呼地一下从管子里蹿了出来。看着这个乒乓球般大小的泡泡，我更加得意了，越发小心翼翼地吹着。泡泡越来越大，我把管子轻轻一甩，泡泡就摇摇晃晃地飞上了沙发，停留了一会儿便破碎了，但我还是那么开心。这回轮到那个同学不服气了，他开始使劲地吹着泡泡，当然，我也是不甘示弱。于是，一场"泡泡大战"便打响了。霎时间，五颜六色的泡泡在家里纷纷扬扬飞舞，把我们围住了。美丽的泡泡落在我们的手上、衣服上，我们眼前是一片绚丽多彩的泡泡世界。

　　令我记忆犹新的还有和伙伴们一起玩过家家，你是爸爸，我是妈妈，她是孩子，他是老师……大家总是会全心全意地投入角色，想起那时的天真可爱，我觉得格外有趣。

　　不知从什么时候开始，当我走过矮矮的田坎，不再想翻上去；看着天空中飞来飞去的蝴蝶，我不再萌生"把它逮住"的念头；每次出去做客的时候，我也总会规规矩矩地坐着，不再乱跑乱跳……看着年幼的弟弟在一旁玩耍，我不禁一愣——我长大了！

　　童年已经离我而去，我却只能对着它远去的背影怜惜。再见了，我的童年。

童年的竹林

程诗嘉

童年像一串串琥珀色的手链，总是散发着金光。在我记忆深处，最难忘的当然是童年了。

家乡的后山上有一片寂静安详的竹林，站在林中仰望天空，天空像一颗幽蓝的蓝宝石，青黑色的树竹包裹起整片蓝天，阳光直射下来，温暖宁静。

一天，外祖父带我去后山的竹林，竹林里还是有些寒冷，外祖父便把外套脱下来让我披上，然后我们一起走向后山的竹林。

竹林里，新鲜的阳光铺在地面上，让人随时能闻得阳光的气味，外祖父便带我来晒太阳。可我哪里闲得住啊，安静不到几分钟，便要爬到枝干上摇啊摇的，外祖父这个人喜欢清闲，可我就偏不让他清闲，一会儿跑到草丛里满地打滚儿，弄得一身泥土，要是见了蚂蚁啊、蝴蝶啊之类的小虫，便折了枝条拿去追赶。

玩累了，我就靠在竹子上，争着吵着要外祖父给我讲故事，祖父没法了，只好任由着我的性子来。外祖父的故事可多呢！我渴了，外祖父就带我摘果子，只是春天的果儿不甜，一股酸劲儿直往肚子里冲，我就抱着肚子像孕妇一样"哎哟"地叫着，外祖父也只是笑。

玩够了，外祖父背起我，向山下走去，这个时候的我，很快就靠在他宽阔温暖的背上睡着了。

童年总是那么天真，许多年过去了，回过头来再看这些往事，也总会忍不住内心的眷恋；而童年，就在那里，盼望着你的长大，微笑着停留在那里。

难忘童年的生活

程希冉

我们的童年正在一分一秒地流逝。转眼间，我们已经长大成人了。我们总会惊叹时间过得可真快，人生最难忘的时光，也莫过于童年那段时光了。

我的童年大部分都是在农村度过的。当奶奶正在田地里忙着种菜的时候，我常常从田地里偷取几块已经干枯了很久的土块，然后再把它抛进河里，耳边响起了"扑通扑通"的声响，河里也漾起了一圈圈波纹。那时候只觉得好玩，听说这样做可以使小鱼们浮到水面上来。

还有一件事，虽然很平常，但让我至今难忘。

一天晚上，我躺在床上，奶奶给我讲神话传说。她讲得十分入迷，不经意间还会做起一些搞怪有趣的动作来。女娲是怎样补天造人的，盘古是怎样开天辟地的，夸父追日的过程又是怎样的，这些被她讲得活灵活现，我在一旁也听得津津有味，丝毫没有半点儿睡意。有时候要是好听的话，也可以讲一个晚上，第二天早上睡到很晚才起来。

这样的日子大概过了半年之久。突然有一天我听奶奶说："你们的户口已经搬到城里面去了，从今以后你就要搬到城里去上学了。"说完，便开始把我所有的衣服从衣柜里拿出，然后装到了一个箱子里面。之后，我便被送到了城里，告别了我长期生活的乡村，告别了陪伴了我那么长时间的奶奶。

如今，奶奶已经白发苍苍，再次回到乡村时，也少了之前的默契。童年的那段时光，也应该是我最难忘的时光吧，我会永远把它铭记在心。当我回忆起往事的时候，最先跃出脑海的就是我的童年了。

难忘童年

陈思娜

童年，是一幅画，画上是色彩斑斓的美景；童年，是一本永远也翻不完的书，这本书里有很多有趣的、快乐、伤心、难过的故事；童年，是一首美妙的乐曲，让我如醉如痴……童年的记忆总令我无限回味，因为有我忘不掉的人。

我两岁时，父母因工作而没有时间照顾我。于是，我来到了我的外婆家。还记得我坐在车上时，窗外的风景是那么美丽，田里的水稻绿油油的，正舒展着自己的身躯，享受着初夏充满温情的阳光。白色的稻草人看守这一片稻田，它虽不会动，却风雨无阻地守着人们劳作的果实，就好像是母亲寸步不离地看着自己的孩子一样。那时候，我并不知道奶奶和外婆的区别，只是整天地叫着"奶奶"，旁人听见了，笑问我为什么不喊外婆，我神气地回道："因为她是我奶奶，才不是外婆呢！"我一直不晓得除奶奶外，还有什么外婆？

在田里，我戴着外婆的碎花遮阳帽坐在田边，望着外婆在干活，灰白的麻花辫与外婆一起晃动，那是岁月的见证，见证了外婆这些年的苦。如今想来，竟觉得那么难过。别看她不到一米六的身高，却撑起了这片生机盎然的沃土，在我看来她如此伟大。

我开始在田地奔跑、跳跃，到田地深处寻找一种不知名的小鸟，外婆却格外着急，向我喊道："孩子，别走远了，不然我该找不到你了，田里有毒虫，小心被咬着。"不知怎的，田野的上空飞来许多蜻蜓，在田里舞动翅膀，可有趣了！透明的翅膀，青绿色的身躯在夕阳下，闪着绿色的光，多美啊！外婆在空中挥了几下，那些绿色的小精灵便停留在她粗糙的手掌上，深深的纹路将她的手刻得如此生动。我不记得那时候我是在干什么！只记得我当时十分欣喜，捧着蜻蜓在田里跑着，天边染上了几分晚霞的红色，显得动人极了！只是我忽略了一双望着我、与我一起开心的眼睛！

我还记得在那段日子里，外婆有时特别唠叨，我就装作没听见，自顾自地跑出去玩，现在回想，我真的好想再听听外婆的唠叨。如果现在有人问我她是谁，我还要说："我的奶奶。"因为她是爱我的，我看见每个孩子的奶奶或是外婆总是爱他们的。

难忘童年的那段日子，它让我感受到了亲情的温暖，而"奶奶"则是我童年里最珍贵的回忆。

吹 泡 泡

李 明

今天，我们学习班的同学拿来了泡泡水，准备吹泡泡玩。

伙伴们吹泡泡的工具各不相同。有两个伙伴用肥皂和小瓶子自己做了泡泡水，我的是自己用洗洁精做的。我往小瓶子倒了些洗洁精，又放了些水，我还特意拿了一根吸管。小羽买了泡泡枪，枪口上有很多小洞，我估计都是用来出泡泡的。小君买了现成的泡泡水。

吹泡泡活动开始了，老师让我们轮流到讲台上吹给大家看。我先吹，我拿着细细的吸管，蘸了蘸瓶子里的水，放到嘴边轻轻一吹，两个小小的泡泡一先一后出来了。同学们在下面高兴地笑着，叫着："吹个大的！"我看着两个泡泡破了，把吸管用力地戳一下瓶子里的泡泡水，拿出来用力一吹。"好大的泡泡！""这个真大！"同学们在欢呼。我看着自己吹出来的这个大泡泡，开心地笑了。可惜它很快就爆了。

第二个上来吹泡泡的是小君，他拧开瓶盖，用泡泡棒在瓶里搅了一下水，拿出来放到嘴边一吹，不得了啦，好多泡泡接连不断地跑出来了，伙伴们都给他鼓掌。我仔细一看，泡泡是薄薄的，有大有小，五颜六色，真是漂亮极了！伙伴们大叫起来。我伸手想去接住泡泡，可它一下子就破了，只感到手上有一丝丝的凉快。

小羽上去吹泡泡了，她先吹出一个大的泡泡，我看着它往上飘着飘着，不知为什么一下子又破了。小羽再蘸泡泡水用力一吹，一大串的泡泡飞快地跑出来了，有的两个抱在一起，像是两个好兄弟；有的三个抱在一起，好像好久不见的好朋友。

吹泡泡真是好玩极了！

童年的歌谣

朱　晴

"早上空气真叫好，我们都来做早操。伸伸臂，弯弯腰，踢踢腿，蹦蹦跳，天天锻炼身体好……"在奶奶的歌谣中，我伸了伸懒腰，揉揉惺忪的眼，开启了一天的生活。

记得小时候，我特别贪睡，早上总不肯起床，而且一赖就要赖好几个小时，为此，我在幼儿园里被封了一个绰号叫"迟到大王"。爸爸妈妈试了许多方法叫我起床，比如在我熟睡时将被子掀掉，或是在我床头放一个响声特别大的闹钟，甚至在我房间里大声讲话，企图吵醒我，但这些均不奏效。最后，还是奶奶想出了办法：在叫我起床时唱一首歌谣。

没想到这一招还真灵，听到歌谣，我就一下爬了起来，坐在床沿上，津津有味地听奶奶唱歌，当听到《小老鼠上灯台》时，我会情不自禁地哈哈大笑；当听到《老虎和灰兔》时，我又不禁暗自钦佩灰兔的机智；而当听到《毛毛和涛涛》时，我又意识到了团结协作的重要性。有了奶奶的歌谣，我再也没有迟到过，还养成了早睡早起的好习惯。

小小的歌谣里承载着奶奶太多的爱，闭上双眼，我仿佛又看见奶奶戴着老花镜，吃力地在昏黄的灯光下，一字一句地读着、记着歌谣的场景。这时，我又记起了那难忘的童年歌谣："早上空气真叫好，我们都来做早操。伸伸臂，弯弯腰……"

小小烘焙师

朱晓宇

每个人一生中会有很多第一次，第一次的记忆是怎么也挥之不去的。它们就像一个个小钉子，钉在我们的心里，钉在人生成长的道路上。我也有自己难忘的第一次做面包的经历。

我的爸爸是一名普通的教师，但是他做得一手好面包，他虽然没有接受专业的烘焙培训，但是我们家有一名"大将"——面包机，只要有原材料，交给它加工就行了。我是吃着爸爸做的面包长大的，所以对家里的"自制面包"情有独钟，我也想学做面包。

一天晚上，爸爸在厨房里准备明天的早点，我悄悄走了过去。"爸爸！"我脸上堆满了笑容，笑嘻嘻地对爸爸说，"你教我做面包吧？""好啊！"爸爸爽快地答应了。"太好了！"我兴奋地跳了起来。爸爸一边准备食材，一边指挥我拿这拿那，说完用量，便让我自己倒。我也麻利地把食材量好，放在面包机里，按下了"开始"键。

我一想到香喷喷、金灿灿、软绵绵的面包，又想到这可是我自己做的，开心极了。

第二天，我起了个大早，赶紧调动嗅觉，一溜烟跑进厨房，"哇！好香，好香。一定是面包烤好了！"我一脸期待地打开面包机的盖子，可是，面包怎么"塌"下去了？我的好心情也直线下降，垂头丧气地去找爸爸。向爸爸说明事情后，他看了看面包，说是因为发酵粉放少了，所以才会这样的。我恍然大悟，决定吃掉这个"失败品"后，一定要做一个成功的面包，谁让我自称是一个"蒸不烂，煮不熟，锤不扁，炒不爆，响当当的铜豌豆"呢！几天后，我振奋精神，吸取了上回的教训，按标准放了一些发酵粉，认认真真地又做了一个面包。"功夫不负有心人"，第二天，一个香喷喷的面包，"完美"地呈现在我眼前了。吃着自己做的面包，可真香。

这次学做面包的经历让我很难忘，它让我明白，生活中要不断尝试新事物，做事一定要认真、仔细，同时在遇到困难时一定要积极乐观地去面对，去解决。只要你努力了，奋斗了，就一定会有收获，哪怕是路途中的一个笑脸。让我们一起快乐生活、快乐成长吧！

"保姆"体验记

李铭鸿

"哐当"，妈妈关上了门，只留下我和弟弟在房间里"相依为命"。唉，看来这"小祖宗"真的归我照顾了。真是"是福不是祸，是祸躲不过"啊!

"躲得过初一,躲不过十五",我只好硬着头皮去跟弟弟玩。嘿!不知道是血缘关系还是怎么着,这五个月大的小家伙竟然喜欢我,不一会儿,就和我打成一团。

可好景不长,弟弟这个"灵魂歌手"居然唱起"歌"来,这歌声,可谓惊天地泣鬼神。妈呀,受不了啦!我急忙把他抱起来,又是哄又是逗,可这小子一点儿都不近人情,不但继续"唱歌",还不停地抓我的脸,似乎在责备我抱得不好。好吧,我认了,我也忍了。

好不容易停止了"唱歌",这小子又给我一个更大的难题。他躺在床上,把我放在旁边的书抓了过去,放进嘴巴里,咬着。我的书啊,唉,这个小坏蛋!弟弟从小就爱把东西放进嘴巴里,小到鸡腿,大到被子,而这一次,竟然是我的书!我急忙抓住书的另一边,跟他来一场拉锯战。"呼——"我深吸一口气,猛地一拉,终于,把书抢过来了。我赶紧去看弟弟的嘴巴和手有没有受伤,还好,没事。再去看一下书,书的一角全是他的口水!算了,"弟弟第一,书本第二",等你长大后再跟你算账!

"臭小子"精力充足,一直折腾个没完!这不,他又尿尿了。咋办?幸好,妈妈回来了。她抱起哭喊的弟弟,扯下尿湿的尿布,又打来一盆水,给弟弟擦洗起来……

看着看着,我的眼眶湿润了。弟弟就是我小时候的影子啊!小时候,我不是也会哭、会闹、会淘气,妈妈不也是这样爱我、照顾我吗?爸爸妈妈不也是一句怨言也没有吗?

照看弟弟的这一小段时间,我懂得了许多许多……

我不想做"小皇帝"了

刘耘豪

我是家里的"小皇帝",饭来张口,衣来伸手,爸爸妈妈什么家务活都不让我干。

可是,我好想体会一下"平民百姓"的生活啊。

有一次,爸爸妈妈去上班,只剩我一个人在家,哈哈,考验我的时刻到了。我要帮爸爸妈妈分担,我要做家务!可是,干点儿什么好呢?我会干什么家务活呢?对了,家里的地板好几天没擦了,那就从擦地开始吧。

我找出拖把,洗干净之后就开始擦地。可是,平时在妈妈手里使唤得那么灵活的拖把,一点儿都不听我的话,洗过的拖把那么重,我歪歪扭扭地使劲擦起来。终于擦完了,腰和背好酸啊!再看看我擦完的地板,划拉得东一下西一下的,像是一张大花脸。

还能干点儿什么呢?擦玻璃?我够不着。做饭?我一点儿都不会。洗衣服?可是妈妈昨天刚刚把脏衣服都洗干净,我总不能再洗一遍吧。

我看了看表,中午11点了,离爸爸妈妈回家的时间还早。可是我已经饿了,怎么办?于是,我来到厨房,想自己试着煮方便面吃。我把锅接满水,然后打开火,把方便面放进锅里,开开心心地坐在沙发上等着。没过多久，就听到厨房"刺啦"一声，我跑去一看，原来是水放得太多，都溢出来了。我赶忙伸手，想把水舀出来一些。"啊，好烫！"我还没反应过来，热水就溅到了我的手上。唉，我怎么什么都干不好！吃着方便面，我终于体会到了"平民"生活的不容易，也明白了，劳动并没有那么简单。

我再也不要当"小皇帝"了！

后　悔

张　欣

窗外的大雨无情地拍打着窗户，天空被乌云笼罩着，空气中弥漫着一股泥土的气息。而我正呆呆地望着外面，手中拿着成绩单，泪水不争气地再一次滑过脸颊。

事情还得从去年说起。那段时间，爸爸妈妈工作特别忙，一点儿都顾不上我。我也乐得自由，每天嘻嘻哈哈地玩，慢慢地迷上了电脑游戏。

每天放学回家，我第一件事情就是冲到书房打开电脑，美美地玩游戏，直到爸妈快回家才假装学习。那一次，我正玩得投入，忽然，门外传来了一阵开锁的声音，是妈妈回来了。但是游戏正进行得激烈，我并不像往常一样立刻往房间冲，而是继续尽兴地玩着电脑。妈妈进门看到这样的情况，什么也没说就去做饭了，就这样，在键盘声的伴奏下，半个多小时过去了，等妈妈叫吃饭我才不情愿地离开了座椅。

　　在异常紧张的气氛中，我小心翼翼地吃完饭，结果又回到了电脑旁边玩了起来。妈妈终于爆发了："你今天是怎么了！玩一下就算了，吃完饭又玩，你是想期末'抱鸭蛋'吗？""我早就复习好了，多玩一会儿又不影响我成绩！"妈妈的火气突然熄灭了，冷冷地说："那好，继续玩，看你能考多少分！"说完径直走向了卧室。此刻我还玩得不亦乐乎。

　　时间飞速走过，很快到了考试的那一天。这些题好像都见过，怎么自己不会做了？果不其然，我考砸了，回到家里也不敢跟妈妈说，真后悔当初没有好好学习，后悔自己的自傲自大，后悔我所做的一切，但是，已经无法挽回了。

　　我想后悔过后只有一条路可走：更加努力，看清自己。

夜半读书记

谢鸿艳

　　如果把知识比作天空，那么书籍是我飞翔的翅膀；如果把知识比作海洋，那么书籍就是我乘风破浪的小船。书总能带给我知识和快乐。下面就给大家讲讲我的读书故事吧。

　　记得那天，我很晚才把作业写完，妈妈说："安安，已经太晚了，今天就不看书了吧，快点儿睡觉吧！"我慢腾腾地走向洗手间，刷牙的时候还在想怎么偷看书，突然，我灵机一动，想出一个好办法：用我买的手指灯照亮，这样就可以躲在被窝里"大看特看"了。我迅速刷完牙，从"百宝箱"里拿出手指灯。一切准备妥当了，我拿出"宝贝书"，钻进被窝里，开始津津有味地看起来。可是，时间长了，我还是觉得光线太暗了，看看爸爸妈妈已经睡着了，我便轻轻地把灯打开，继续享受读书的美味。故事中，"我"苦苦寻找长臂猿的艰苦历程和最后终于找到长臂猿的喜悦，真是引人入胜。

10点、11点……我虽然还想看，但是被睡意折磨得实在熬不下去了，便慢腾腾地下床去关灯。突然"砰"的一声，我的头重重地撞在柜上，当时感觉天旋地转一般，我咬牙忍住疼痛，继续走，"咣当"一声，我又被椅子给绊倒了。

响声惊醒了爸爸妈妈，我偷偷看书的事情，就这样被发现了。

020

书伴我成长

陈珂婷

如果旅行是心灵的阅读，那阅读是心灵的旅行。

每每翻开一本书，就像打开了一扇门，整个世界都变大了。

我从小喜欢阅读，小时候收到的第一本书是《格林童话》，这本书让我感受到人间的温情，人性的美好与丑陋。也是这本书，带我走进了遥遥无期的知识海洋中漫游。

看完《鲁滨孙漂流记》，当我为鲁滨孙的坚强、独立、智慧所折服时，也立志要成为这样的人。当我看《福尔摩斯探案集》时，认为夏洛克·福尔摩斯是个观察细致、冷静、果断、知识面广的人，同时我也希望自己也能够在生活上能细致，在学习上精益求精。

"书是有灵魂的。"我喜欢这句话，因为我总认为每本书中有位小精灵，待你看书时将识出的知识一丝一缕地灌输进你的脑海里。我喜欢推开图书馆的大门时，迎面飘来的书的气息，轻嗅书香，这是世界上最美好的事情。

记得小时候，我曾为读书用过一个坏方法，那就是躲在被窝里读书。当时因好奇与神秘才去尝试一下，偷偷躲在被窝里，神秘地进行一件所有人都不知道的事情，用手电筒探索一行行未知的奥秘。哎呀！被窝中的氧气快没了，赶紧把头伸出被窝，闭上眼回味着刚看的内容……现在长大了，这件事变得可笑又幼稚，可这毕竟是我与书之间一件有趣的故事啊！

书伴我成长，若知识是那璀璨的星空，那书便是灿烂的星星。

我 爱 读 书

蔡伊婷

我酷爱读书。

从小到大，我都对书有着一种情义。我觉得，可以没有食物，没有娱乐，但不能没有书。

小时候，童话书比衣食住行都重要。饭可以不吃，但一定要看童话书。我觉得世界就是有灰姑娘的城堡，有美人鱼的海洋，有小红帽的森林，有拇指姑娘的花园，就是简简单单的、纯真而又梦幻的童话世界。

渐渐的，我越长越大，上了小学，我发现我一个最好的朋友竟然和我翻脸，心里很是不舒服。回到家，往书柜一瞥，一本《哈利·波特》吸引了我。他在现实世界遭"家人"嫌弃，却在魔法王国战胜恶魔。于是我渐渐明白，世界不是单纯的非黑即白，黑与白中间，还有许多的灰色地带，深浅不一。

我开始寻求如何在这个世界生存的答案。看《骆驼祥子》，祥子的悲剧让人觉得不能做老好人，刘四爷的结局告诉我也不能太过狡猾。我看的书越来越多，终于明白要做一个纯洁善良、谨慎行事的人。

书，是我最好的朋友，它陪伴我一起成长，它总是能在我最迷茫的时候，指引我，走向正确的道路。

我会和我最好的伙伴并肩前行，不管风雨有多大，只要它陪着我，我都有信心坚持下去。它给了我信心与信念，支持我在语文的道路上，勇往直前。

车到山前必有路，书会陪着我，书会带着我。我爱着书，爱着语文，我会走下去！

难忘那本书

张瑞泽

我的少年时代，与读书定然是分不开的。我读过许多书，而其中最令我难忘、最受益的就是这本令我魂牵梦绕的书，就是它——《假如给我三天光明》。

当翻开这本书时，我就被开头那令人怜悯的话语所吸引，使我彻底陷入进去。阅览室中十分安静，没有一点儿嘈杂的声音，我坐在小凳上，阳光直射到书中的每一个字，也照到了我的心上。当我看到海伦的悲剧时，我心中暗叹："为何老天如此不公？要剥夺一个小女孩儿的视力和听力。她是多么希望去看看蓝天白云，去看看这个世界，用嘴巴去表达自己的情感，用话语去倾诉内心的痛苦，用耳朵去听一听鸟儿的歌唱，为何要如此对待一个女孩儿啊！"她不能说话，听不见声音，看不见这个世界，但是呢，她却靠着她坚持不懈的精神成功考上了哈佛大学这所正常人都很难考上的大学，这简直是一个奇迹！当她在书中学英文单词时是多么的艰难啊！她付出了比普通人多很多倍的努力。我发自内心地为她开心，以她所做的事为榜样，去学习，去实践。一个重度残疾的人可以做到的，我们又有何理由做不到呢？

我要以海伦·凯勒为学习榜样，去学习她坚持不懈的精神。

书香缕缕伴童年

李文珍

如果读书是一条快乐的河，那么，童年的我就如一叶扁舟，飘向美好的远方……童年的记忆里，满是书的影子。

我喜欢读书。看吧，我的书架上放满了书：《一千零一夜》《木偶奇遇记》《居里夫人自转》《西游记》《海底两万里》……每一本我都爱不释手。一有空，我就津津有味地读起来。

在美丽的春天里，在鸟语花香中，在和风的吹拂下，在细雨的点缀下，我沉浸在书的世界里。与主人公一起欢笑，一起悲伤。

美国作家弗兰克·鲍姆的《绿野仙踪》给我留下了深刻的印象。

读《绿野仙踪》，我好像也随着主人公多萝西进入了翡翠城，感受它的神奇。多萝西要回家的强大愿望让我惊叹不已。她费尽千辛万苦，终于回到了家乡。小小的她，怎么那么勇敢执着呢？果然是有志者事竟成，坚持可以让梦想开花，我真佩服她。当我看到心思纯洁的稻草人得到了智慧，不满现状的铁皮人拥有了心，胆小如鼠的狮子变得勇敢，我是多么开心啊！多萝西与稻草人、铁皮人和狮子，从不相识到成为好朋友，他们互相帮助，才能克服困难，实现心中的愿望，我们要用心呵护，友谊之树才会常青。

不只是《绿野仙踪》，其实每本书都带给我精神的享受，每次品读，都像一次远行，让我满载而归。

024

此刻，我又开始了心的读书之旅，我正赶往硝烟弥漫的战场，去感受保尔·柯察金的坚韧与顽强……

最管用的钥匙

李晓梦

妈妈给我买了一本《西游记》，我爱不释手，没几天就读完了。

取经的路上是非常艰辛的，妖魔鬼怪更是多得数不胜数。但唐僧师徒都一一挺了过来。这一路上，猪八戒好多次都想要放弃，幸亏师父有一颗坚定的心。最后，他们到达了西天，西天就是他们成功的彼岸。我觉得，他们之所以能一路坚持下来，是因为他们有一把最管用的钥匙——不放弃的决心。

我以前听妈妈说过她高考的经历。当时，尽管妈妈很努力，但她的学习成绩并不是很好，最后只差几分，还是没能考上大学。失败的妈妈选择了放弃，没有复读，因为她害怕会再一次失败。我问妈妈："如果你当时再坚持一下，会不会就能成功了呢？"妈妈苦笑着摇了摇头，说："是妈妈自己丢掉了打开成功大门的钥匙。世界上没有如果，打开大门的机会只有一次。不要放弃，坚持下去，找到那一把最管用的钥匙，门自然就开了。"

请听从你心底那真诚的呼唤吧。在放弃时，问一下自己是否真的到达极限，在退缩时，问一下自己这么努力是为了什么。你的心会给你最宝贵的答案。打开成功之门的钥匙只有一把，那就是——不放弃。当你回头望的时候，你会发现，所有的苦难都已不见，只剩下那美好的未来！

025

读　书　记

张靖瑶

在我的印象中，有一件事印象特别深刻。

记得有一次，我的语文试卷发下来了，妈妈看了一遍后，最终把目光投向了作文那一题。妈妈说："你这个习作怎么被扣了这么多分，这么多字都不会写，还要加拼音，这就是读书少的原因，今天下午我去给你买书，再买一个积累本送给你，把你读到的好词语都记下来。"

下午，我还在睡午觉，忽然，"当、当、当……"一阵清脆的敲门声在我耳边响起，原来是妈妈回来了。妈妈给我买了好多本书，我挑了一本《大个子老鼠和小个子猫》，读了起来。我一边读，一边把书里看到的优美的词语记到小本子上。"笑笑，笑笑……快下楼来一起玩！"楼下的毛毛喊我，于是我把书一扔，蹦蹦跳跳下楼和毛毛玩耍。

玩了好久，我忽然想起来妈妈，"哎呀，只顾着玩了，妈妈回来检查的时候看到我只写了那么几个词，会不会骂我呀？"我赶紧跑回家去，可妈妈已经回家了，正拿着我的小本子看。妈妈问我："今天下午写了几个词语啊？"我低着头，红着脸说："对不起，妈妈，我没有写多少，我和毛毛出去玩了。"没想到，妈妈并没有骂我，而是对我说："你想和小朋友出去玩，妈妈不反对，但是你要先把妈妈给你布置的作业完成再去呀。明天一定要把今天的补上！多读书，你慢慢就会喜欢上的。"

我相信，只要我多多努力，调整好自己，我一定会喜欢上读书的。

我的冤家

杨晟豪

人们都说："书是人类进步的阶梯。"但是我好像天生就跟书有仇似的，就是不喜欢看书。老师说："要想学好语文，就要多看好书，因为书能给你知识。"于是，我无奈之下，只好硬着头皮读起了书。

记得那一次，放学后，妈妈规定我必须老老实实坐在家里看书，必须要读十页才可以出去玩。看的是《昆虫记》。一开始看，我还觉得有点儿意思。可是没过多久，我就开始觉得无聊起来，坐在书桌前度日如年，时间好像越过越慢。最后，我实在忍不住了，把妈妈的规定忘在了脑后，像兔子一样冲出门去，痛痛快快地和院子里的小伙伴做起了游戏。玩了不知多久，大家都被家长叫回家了，我这才想起来妈妈布置的任务，我以百米冲刺的速度爬上楼，翻开书继续看。可是，才看了一会儿，我就像是吃了一只瞌睡虫，一直打瞌睡，后来，我就不知不觉睡着了。当我醒来之后，妈妈刚好回来了，我竟然一下子睡了两个小时。看到妈妈，我又想起来任务："糟糕，书还没看完，这可怎么交代呢！"妈妈知道情况后，耐心地给我讲读书的好处，而且陪我一起读完了剩余的几页书。

以前我不爱读书，后来，我就慢慢地喜欢上了读书，因为我知道，读书可以让人进步，可以让我成长。

我想握住你的手

　　爱是一团浓密厚重的积雨云，不停地聚集着、碰撞着，生成一道耀眼的闪电。爱是一面宽阔光滑的回音壁，微小的爱意反复折射着、回响着，产生巨大的轰鸣。

第一次买票

高　洁

　　我从小到大都是在父母的陪伴中、爷爷奶奶的呵护下成长，而这次，我学会了独立，我长大了。

　　这天，爸爸带着我开开心心地去公园游玩。放在以前，爸爸早已准备好门票带着我进去，而今天，他却两手空空。他笑眯眯地蹲下，拉着我的手，慈祥地对我说："宝贝，今天爸爸站在这里，你自己去买门票好不好呀？"我听了这话，立马皱皱眉头，把手背后，跺了一下小脚丫，坚决地说："不好不好。"

　　父亲再三劝说，我却一直摆出很坚决的态度，摇着脑袋。父亲变得十分无奈，不再苦口婆心地劝说，他只说了一句话："你要是再不去，咱们就不去公园玩了！"

　　听了这话，我眼里立马涌出泪水，脸上写满了委屈。无奈之下，我只好不情愿地抽出爸爸手里刚拿出的钱，默默地向售票窗口走去。

　　那时我个子还小，踮着脚尖才勉强露出脑袋，我把钱递上去，轻轻地说："阿姨，要两张票。"我都紧张得快结巴了。阿姨和善地接过钱，用甜甜的声音跟我说："好的，你先等一下。"我心中充满了自豪，不再那么紧张。可转眼间，阿姨无奈地摇了摇头："哎呀，孩子，还差十元钱。"我顿时仿佛从崖顶跌入了深渊，急得直跺脚，望向爸爸刚才在的地方，可那里空无一人。我带着哭腔对阿姨说："阿姨，那怎么办呀，我……"阿姨看我着急的样子，连忙安慰我："别哭别哭，算了吧，阿姨就替你垫上，卖给你两张。"说着站起来把票递给我，"拿着票乖乖去找爸爸，别乱跑啊！"这时，爸爸从一棵大树后走过来，满脸歉意地对那个阿姨说："不好意思啊，打扰您了，这是欠您的十元钱。"阿姨接过钱，说："这孩子真可爱。第一次自己买票吧？"爸爸笑着点了点头，带我离开了，并一直夸我勇敢。我一路上蹦蹦跳跳，心里比灌了蜜还甜。

从此以后，我会抢着买门票，自己去超市为爸爸妈妈买东西，甚至还能为午餐选购菜品。

这两张票，这十元钱，是我第一次自己做一件事、自己尝试与陌生人交流的见证。抬头望向天空，白云悠悠，阳光灿烂地照耀着。谢谢您，我的父亲，您不仅给予了我生命，更用心良苦地帮助我成长。

爱 的 传 承

钱樱睿

这个寒冷的冬天里，姥爷住院了。

有一天，我和妈妈去医院探望姥爷，姥爷突然想吃梨，妈妈便带着我出去买梨。冬日里，附近的水果店的梨不太好，有的上面长满了斑，有的形状干瘪，毫无丰盈之感，还有的黯淡无光，失了水灵色泽。妈妈在几家水果店瞧了瞧，有的还削下一片尝了尝，都摇着头走了。我百思不得其解："梨还有分别，随便买点儿不就行了？""老人要吃软一点儿的东西，更何况病人，很少有胃口，千万不能敷衍了事。"

一路上，妈妈还不停地向路人打听哪儿有水果店。天无绝人之路，我们终于买到了满意的梨。到了医院，我一屁股坐在椅子上，妈妈却忙着端水洗梨，看着妈妈不停奔忙的脚步，我揉了揉自己酸痛的双脚，站了起来："妈妈，我来帮您吧！"我学着母亲的样子，搓洗着水灵灵的梨。

我暗下决心，要为爸妈做更多力所能及的家务，为姥姥姥爷聊天读报，努力学习，让关爱我的亲人们少操一份心，为他们的快乐略尽绵薄之力，让"孝"的链条永不断裂。

妈妈从不给我讲那些陈词滥调的大道理，而是用她的行为做法激励我成长，以生活为课堂，用真心感染我。阳光温暖地洒向大地，用爱滋润着世间万物。

032

外婆的爱

吴媛媛

窗外丝丝缕缕的阳光给窗棂过渡上几分温暖的意味，空气中淡淡漂浮的尘埃与初冬的冰冷仿佛正在消融，又是一个下午。

我坐在书房里，认真地写作业，手中的笔行行停停，字迹有些僵硬。外婆悄无声息地走进房间，粗糙老迈的手笼在袖子中："冷不？我去给你拿个暖水袋。"我随口一答："没事，不用了。"

等我奋笔疾书攻克完那道难题，闲闲地伸个懒腰，我清脆响亮的声音开始向各个房间扩散："外婆？外婆你在哪儿呢？"最终，推开厨房的门，我扶着门框怔了片刻：外婆正佝偻着背，有些笨拙地拧着开水瓶的塞子，头上稀疏花白的发丝迎着冬日的阳光灼灼刺痛我的双目。她的动作十分连贯娴熟，可是掩饰不了她松弛的皮肤、深浅的皱褶，还有那双年年岁岁累积成茧、风霜劳碌的手。

"外婆，你干什么呀？怎么不用那种充电的暖水袋呢？手烫了怎么办？"我压抑住喉头的哽咽，微微泛红的双眼视线不太真切。她有些局促地笑着，放下手里的壶："那种啊……外婆不会呀，而且带塞子的这种暖水袋，往里面灌水也很方便。你看……"她还在絮絮叨叨说些什么，甚至动手演示开了，可是升腾的水雾早已沾湿我的眼，呼吸都变得沉重。从小到大，每个冬天，总会有一只老旧的暖水袋递到我怀里，可我从来都是笑嘻嘻地急促接过，却忽视了那双通红的替我准备袋子的手，忽略了那个沉默细致为我操劳一切的人，自私地将温度留在自己指间，连一句"谢谢"都很少说过……

那只沉淀了数年温情的暖水袋又塞到我水中，色彩黯淡，却格外柔软。我抬起头对上外婆笑意盈盈的眸子，坚定固执地捧起那个传递温暖的袋子。下一刻，它安静地躺在外婆掌心，我清楚看见她眼中的惊诧、欣慰，还有感动。她沉默着，嘴角的笑愈来愈深。

生活中那些渺小而确切的幸福，真实驻留在每个人内心深处。外婆用无言的行动，教我懂得爱，享受爱，并学会爱。那时起，我关注到很多很多——晴初霜旦必定热气腾腾的早餐，雨声淅沥中殷切守候张望的羸弱身影，陪同我练习长跑时总是放慢再放慢的脚步……

我想握住你的手

学会宽容

周珈羽

这个冬天，外婆用她的行动，给我的人生上了一堂课。

外婆的小屋后有个说大不大、说小又不小的院子，让它闲置在那里总觉得有点儿可惜。于是，外婆跟邻居老奶奶一合计，两人把屋后那块土地细细地翻了一遍，种上了花和菜。月季、美人蕉、油菜、小青菜……

去年，邻居老奶奶从乡下搬到了城里，她的老屋又搬来一对年轻夫妇。两人一看到老奶奶屋后的那块地，不由分说，把老奶奶种的花连根拔得一干二净，甚至连外婆种的小青菜也被他们全部拔光。然后，两人在两块地里全播下了萝卜种子，翻土，浇水，忙得不亦乐乎。被拔起的花和菜，气若游丝地趴伏在地上，可怜巴巴地看着外婆老旧的小屋。

我和妹妹气不过，冲出门和他们理论："这地是我们家的，你们凭什么拔我们家的菜！"那女人的声音尖而细，叉着腰回骂："地是大家的，先到先得！谁能证明这是你们家的地！你们能种，我们还不能种啦……"我们骂不过她，只能回去找外婆告状。

外婆正在缝被子，听了我和妹妹的报告之后，推一推滑到鼻梁上的老花镜，笑呵呵地说："算啦算啦，占就占吧。反正这地是大家的，谁种都可以，权当让让人家吧……”

不仅如此，在之后的日子里，外婆还帮了他们不少忙。那年轻夫妇不在家时，外婆一次次帮他们的萝卜苗浇水；在男的扭伤脚踝之后，给人家送药；甚至在有一天风雨夜里停电时，怕他们新搬来没准备蜡烛，年老的外婆还亲自给他们送去蜡烛……

我实在憋不住了，向外婆说出了我的疑惑："外婆，他们那么蛮横，你怎么还处处帮着他们呢？"外婆手上上下翻飞的铲子依旧没停，头也不抬笑呵呵地说："邻里邻居的，哪有什么谁占谁的地、谁欺负谁的，咱们啊，能帮就帮。一亩三分地，犯不着为这就伤了和气，咱们，不做小心眼儿的人。"

在外婆的身上，我学到了很多在书本中学不到的东西：宽容、大方、以和为贵……

我想握住你的手

李欣欣

回忆跳跃着，触动着心弦，想起了每个灿烂的金秋，想起了放不开的那双手。

我是被奶奶带大的，奶奶的手最好看、最温暖。小时候，我喜欢勾着奶奶的手指，在树林中散步，将脚下的枯叶踩得"咔咔"响，奶奶说我淘气，我却不承认自己的顽皮。忽然，我在路旁发现了一株蒲公英，茸茸的毛，随秋风左右摇摆，我轻轻吹一口气，茸茸的毛就四处散开，像一个小伞兵，飘向远方。奶奶说，那是蒲公英的孩子，长大了，蒲公英妈妈就会张开怀抱，将她的孩子送到天涯海角。"奶奶，蒲公英妈妈不爱自己的孩子吗，为什么不把他们留在身边？"奶奶笑着告诉我："当然爱，只不过她希望自己的孩子有更幸福的未来。""那这也太残忍了，奶奶，我永远不要离开你！"奶奶笑了。

公园里，我紧紧地抓住奶奶的手，那双历尽沧桑、满是褶皱的手紧紧地被我握在手中。我知道，蒲公英之所以会离开亲人，是因为想留给对方更多美好的回忆。

而我，不是蒲公英，我要一辈子紧紧握住你的手。

我想看见你的笑

王慧玲

睁开眼睛，空荡荡的房间静得可以听到我的呼吸，揉揉蒙眬的眼睛，还有些湿润。痴痴地望着窗外迷离的光，忘记我已经失去了你。我想你了，奶奶。

假如还可以回到从前，那该多好……

我放学回到家，打开家门，一股饺子味扑面而来，你笑盈盈地走向我，招了招手，说："来，吃个饺子，你最爱吃的胡萝卜馅的。"你扎着围裙，衣服袖子上都是面粉，端着一盘热气腾腾的饺子，坐在我的身边，说："尝尝吧，你上学太辛苦了，我包了你最爱吃的饺子。"饿了一上午的我如同一匹狼，大口大口地往嘴里塞，不一

会儿，一盘饺子就被我吃了个精光。你还是微笑着看我，就是这样的笑，在饺子热气中渐渐模糊不清，渐渐消失在记忆中。

窗外的大树影影绰绰地映在地上，夕阳最后的余晖也落下了，你还翘首望着我回家的路，你的影子渐渐被拉长。直到天黑，贪玩的我背着书包回来，你笑了，可我分明看到了你眼中的泪花。你自言自语，说："回来就好，回来就好……"

秋风起，远在他乡的人们难免会有思乡之感，你站在窗台边望着漫天飞舞的落叶，渐渐失了神。你的白发被风吹起，这几天你的记性越来越差，总是忘了一些事。"奶奶，你在看什么？"你稍微一怔，说："孙女该回来啦。"我听了有点儿诧异，然后我说："奶奶，你孙女已经回来啦。"这时你抬头，看见了我，你笑了，就是这样的笑，随着落叶飞舞，一直飞到天边。

在那个灰蒙蒙的日子，你永远离开了我，再也回不来了。从此，我失去了你每日的等待，失去了你包的饺子，失去了和你一同享受阳光时的欢笑……

我想再看看你的笑，好吗？

037

谢谢你，妈妈

张逸轩

妈妈，是身边照顾和帮助我最多的人，我最感激的人就是妈妈，最想谢谢的人还是妈妈……

我的妈妈不是人群中最美丽的人，也不是博士、老师、医生……她只是一个普普通通、简简单单的家庭主妇，但是在我的人生中，有她就不孤单。妈妈一直在一点一滴中默默地照顾我，看着我长大，给了我快乐和幸福。

有一天，我吃得不合胃口，晚上怎么也睡不着，胃里很难受。妈妈在上卫生间的时候，听到了我的呻吟声，便跑过来问我怎么回事，我用微弱的声音告诉了妈妈情况，妈妈当时非常着急，赶紧跑到客厅，给我找出了治胃疼的药，又赶紧跑到厨房给我倒了杯热水，然后让我把药服下。妈妈一晚上都坐在床边上看着我，一晚都没合眼，直到第二天，我才发现妈妈，在床边上睡着了。

妈妈在厨房做午饭，我走进厨房，看见妈妈正在炒菜，我发现她的左手红了一大片，我着急地问："怎么回事啊？""没事没事，刚刚不小心把热水倒在手上了。"妈妈随口说道。我连忙拿来烫伤药，左手托着妈妈的手，右手拿着蘸了药膏的棉棒，轻轻地涂着。我看着这双手，这双手给我洗衣服、做饭，这双手给我系红领巾，这双手拉着我的手过马路，这双手给我喂饭、抱着我长大，这双手……而今，这双手是那么干燥、那么粗糙，我不禁眼睛湿润了……

母爱如春雨，滋润着我们；母爱如阳光，为我们照明，给我们送来温暖；母爱如一把伞，为我们遮风挡雨……

千言万语化作一句话——谢谢你！妈妈！

懂　你

张　璠

　　时间可以冲淡很多事，却冲不走那一刻在我心里的印象，冲不走那甜甜的母爱。

　　记得那是一个炎热的夏天。太阳像个火球一般烤着大地，空气中一丝风也没有，知了在树上烦人地叫着，不肯停歇。小草没有了昔日的勃勃生机，有气无力地趴在地上。这天，真让人烦躁。

　　我在家看电视，妈妈在我身旁洗衣服。"咳，咳。"嗓子又干又涩，很不舒服。妈妈听到我咳嗽起来，赶忙抬起头看看我，关切地问："怎么了？""不知道。"我回答。妈妈在围裙上擦了擦手，起身朝我走来，撩起我的头发，在我额头试着温度。一丝丝凉意在我的额间散开，清清凉凉，很是惬意。妈妈唠叨着："有点儿热，发烧了？昨晚开着空调，让你盖薄被，你偏不听。还有哪里不舒服？"

039

　　看我不说话，妈妈皱了皱眉，转身背着包出门了。我有些失落：我都生病了，怎么还能狠心丢下我走了？我越想越气，昏昏沉沉地睡了过去。

　　不知过了多久，我被厨房里传来的声音吵醒了。妈妈回来了。过了一会儿，妈妈端着一碗黄澄澄的梨水走了出来。我端起轻抿一口，霎时，梨的清香充满了我的心间，很甜。每一口，香甜都萦绕在心间，久久不曾散去。突然想起小时候，每次嗓子疼，妈妈都会给我熬香甜的梨水喝——因为她知道我不喜欢吃药。

妈妈的爱，就像这梨水一般：温暖，馨香，甜蜜，细腻……

我的理想

卓　然

苏格拉底说过："世界上最快乐的事，莫过于为理想而奋斗。"我的理想是当一名厨师，我想要为我的理想奋斗，创造更快乐更美好的人生。

我为什么会想要当一名厨师呢？不是因为我有做菜的天分，而是因为我从小就对美食和菜品情有独钟。每当奶奶开始烧菜时，我总是目不转睛地看着，时不时拿起锅铲学着奶奶的样子翻炒两下。后来，我还听说了一个中国的厨师去参加一个全球性的比赛，夺得桂冠为国争光的事情，这使得我更想成为一个厨艺精湛的厨师。

要想实现我的理想——当一名优秀的厨师，就要有不怕困难的决心和勇气。我想好了，从现在开始就多接触食材，多了解一些厨房里的小知识。首先要先学几样简单的菜，课余时间可以买一些做菜的书来看，好好地学习。其次，有空的时候可以经常下厨房，多帮奶奶打打下手。当然，最重要的还是要拥有厉害的刀工。平时拿些蔬果练练手，练就娴熟的刀工。总之，我现在就要学几道菜，先学几道菜，再练好刀工，等到将来再系统地学习烹饪。这样，我离成为一名厨师的目标就不远了。

如果我真的当上了厨师，我一定要做出许许多多健康美味的佳肴，让人们大饱口福。等我挣了钱以后，我还要捐一些钱给贫困山区的孩子，为他们做许许多多的大餐，让他们也尝尝我的手艺。

理想，是帆船扬起的帆，是推动火箭前进的动力，是通往成功的目标。爱因斯坦曾经说过："每个人都有一定的理想，这种理想决定着他努力和判断的方向。"正因为有了理想，人们才会为理想而奋斗终生。我坚信，拥有理想，并且去努力实现的人，一定会有更加美好的人生！

为梦想插上翅膀

林鸥忆

041

每个人心中都有一个梦想，这个梦想或大或小，或伟大或平凡，但都是每个人努力的动力。我的梦想十分简单，长大后，我想当一名歌手，把自己喜欢的歌唱给大家听。

这个梦想是因为一首歌。那时我才十二岁，一次偶然的机会，我听了阿黛尔的一首歌。那优美的旋律、低低的嗓音，一下子就把我引入了那个奇妙的音乐世界，黑白的钢琴键、笔直的五线谱、豆芽般的音符……这一切东西都富有魔力，把我拉进音乐深渊，再也出不来了。从那以后，我时常挂着耳机，在街上，在家里，在厕所，只要闲着没事我都会哼上两曲。渐渐的，我爱上了音乐，并有了长大后要当歌手的梦想。我开始了解音乐，学习音乐。每周六都会去上钢琴班，周日还会去老师家里学声乐，平时上网时还会不时地下更多的音乐在手机里。在学校里，我有时还会跟好朋友一起写歌，虽然不是专业的，但为了梦想总要尝试一下吧！

如今，我已会唱无数首歌了。不管是中文、韩文还是英文，无论是流行、民族还是美声，我都会唱，同时，我也有了许多喜欢的偶像歌手，像宝儿、少女时代、EXO……他们这些人的努力付出与如今在舞台上的无限辉煌都是我学习的榜样、努力的动力。他们同样也是一群为了"成为歌手"这个梦想而从小就努力奋斗的人，他们中间有的人从小学就开始去一些公司接受正规的训练，在为梦想努力时，同时在学校依旧努力学习，为的就是在梦想与现实之间缩小距离，使梦想变成现实。

所以，就让我们插上梦想的翅膀，一起努力奋斗，朝着自己的梦想出发吧！

我 的 梦 想

王铭达

我的梦想是当一名足球明星，在绿茵茵的赛场上踢进一个又一个的球。

我这个梦想，是受爸爸的影响。爸爸是个足球迷，每次电视上有足球赛，他总是像佛一样端坐在电视机前的沙发上，手里攥紧着遥控器，两眼瞪得像铜铃，一眨不眨地盯着电视机。那时，家里谁说要转台，爸爸就跟谁急眼。每次，爸爸喜爱的球员踢进了一个球，爸爸就会连拍大腿，或者跳起来挥着拳头，大叫："进了，进球了！"那样子，不亚于中了彩票大奖。我就是在这个情况下，慢慢喜欢跟着爸爸看球，然后喜爱上了踢足球。我渴望自己也能成为绿茵赛场的"中国C罗"。

为了实现这个梦想，我从七岁开始参加足球培训班，至今已经三年了。每次教练给我们讲技术时，我总是认真听讲，然后反复揣摩，反复练习。记得有一次，我发烧了，可那天刚好有足球课，妈妈叫我不要去练球了，我忙说："这可不行，如果这也要请假，我怎么实现我的理想。"于是，吃了药后，妈妈就送我去踢球。神奇的是，一到训练场，我就精神十足，而且，出了一身大汗后，我很快就退烧了。因为勤学苦练，不久之后，我掌握了不少攻球、带球、进球的技巧。在昨天的训练赛中，我连进两球，为我们红队取得胜利立下汗马功劳。教练说，因为有我们，以后，我们中国的足球会像乒乓球一样称雄于世界的。

前几天晚上睡觉，我做了一个梦，梦见自己穿着西班牙皇家马德里的八号球衣，与我的球星偶像C罗在西班牙足球甲级联赛中对阵马德里。开局五分钟，马德里队员发球失误，我跟上奋力一扬右脚，远射，白色的足球急速划了一条美丽的弧线后，重轰进门。下半场，我方守门员传球给我，我巧妙地带球突破，到了前场，我看准时机内切射门，哈！球又巧妙地钻进对方的球门触了网！补时赛时，我前场跑位，C罗把球传到中路，我纵身一跃，凌空扫射，真是锦上添花，又进了一球。4：0，我上演了帽子戏法。球场四周的欢呼声一阵接着一阵，球迷们疯狂了！队友们把我高高抛起！"我进球了！"我忍不住大喊。突然，腿一蹬，我惊醒了，原来是一个梦。

我坚信，梦想会变成现实！

我 的 理 想

滕 悦

每个人都有自己的理想,我也不例外。

小时候,我想成为一名画家,因为姥爷是一名画家;接着,我又想当一名作家,因为我得到了一根上好的钢笔,我想天天使用它;现在,我的理想是成为一名建筑设计师。

我的舅舅是一名优秀的建筑设计师。而我想成为一名建筑设计师,也不光是因为他,我有自己的想法和理由。我是一个喜欢创新的人,不愿意做死板的、枯燥的工作,而建筑设计师是用自身的创意去创造一个宏伟的建筑,我非常喜欢。我要好好学习,为我的梦想而努力。

如果我真的梦想成真,我要先将中国的建筑水平提一个层次,让中国的建筑在日后名扬中外,远近闻名。还有,就是改造设计不合理的房屋。现在有的房子为了尽快卖出,获取收益,格局都未设计好就开建,比如走廊窗户的位置不好,难以采光,比如客厅太大,卧室连张双人床都难以放进等等,这样的事可不少见。我要在以后多干实事,成为大家口中的实干家。

这就是我的理想,既有伟大的宏图也有细致入微的实事,现在的我只有好好学习,天天向上,才能做到上面所说的事情,在未来实现我的梦想。

小 书 迷

赵娟娟

我的好朋友王静可是个书迷！说起她与书的故事，那可是三天三夜也说不完啊！

去年"六一"那天，王静和刘珊、余丽等几个同学约好一起去影院看文艺节目。路过新华书店时，她见书店里面人很多，马上来了精神，挤了进去，抽出一本书自顾自地看了起来。

不知过了多久，她的肩膀被人重重地拍了一下，她回过头一看，原来是刘珊、余丽等几个同学来找她。王静诧异地问："你们也来看书呀？"刘珊不满地说："别装蒜！你可让我们好等！"王静奇怪地问："什么让你们好等？"余丽歪着脑袋说："看文艺节目呀！"

"哦，都怪我这人没记性，给忘了！"王静拍了一下后脑勺说。刘珊毫不客气地回了她一句："谁不知道你是被书迷住了呀！"说完拉起王静就往外跑。王静着急地说："慢着，慢着，等我买下这本书！"

到了电影院，王静根本没心思看演出，一坐下就拿起书去读。可是电影院里光线太暗了，她便悄悄地跑到了外面，坐在台阶上，津津有味地读了起来。等到同学们看完节目出来拍她的肩膀，她才知道演出结束了。

还有一次，王静捧着借来的书边看边往家走。她刚一进家门就大声喊："妈，我回来了！"回答她的是一阵笑声。她抬头一看，哦，错了！原来是进了邻居李阿姨家！她连忙向李阿姨道歉，李阿姨笑着说："别边走路边看书了，小心再闯错了门！"

王静就是如此爱书，她真是一个书迷呀！

"我是天才！"

刘亚军

教室里，又传来了赵俊那公鸭般的声音："我是天才，我是天才，因为我本来就是天才……"

赵俊特别爱看《灌篮高手》，爱得都入迷了。他最喜欢里面的樱木花道，整天学樱木花道自称天才。不过他也和樱木花道一样：说得多，做得少。

这位自称天才的赵俊在我们班还是小有名气的。高高的个子，小小的眼睛，一张鳄鱼似的大嘴，一笑起来就露出两排不大整齐的牙齿。初次见到他的人常会这样想：赵俊上辈子一定是猿猴。

记得一次篮球赛中，赵俊费了好大的劲儿才抢到球，急忙跳起投进篮筐里。周围的女生惊讶得大眼瞪小眼，要知道赵俊的进球率可是千分之一呀！再看赵俊，他眯起那双本来就不大的眼睛，咧开"鳄鱼嘴"快乐地笑着，兴奋地挥舞着双臂，捶自己的胸膛，活像人猿泰山。围观者不屑一顾地说："只不过是凑巧的一个球，看他高兴的。

万一老天爷开恩让他再进一球，他就能上天了。"赵俊不以为然地说："这是嫉妒天才！刚才的进球是本天才的真实水平，怎么可能是凑巧呢？哼，是金子总会发光，是天才总是天才。"

有一次下课，赵俊又在自称天才，周围的女生群起攻击："天才天才，天上的蠢材。""说自己是天才的人通常是蠢材。"……赵俊猛地一回头，瞪着这群女生，然后眼睛一斜，翻了一眼转身就走。女生们互相对视，十分吃惊的样子，然后哈哈大笑。赵俊回头看了看那群笑个不停的女生说："本大天才不和你们这些小人斤斤计较。"

病　　猫

高　成

说起我们班的"病猫"，可真是无人不知，无人不晓啊！

他的这个外号来自于他的一句口头禅："老虎不发威，你当我病猫啊！"

病猫特别有趣，有一次，他上课时睡着了，一直到第二节课的上课铃响了，老师对大家说："同学们好！"头脑不清醒的病猫便大声地应道："老师再见！"惹得大家哈哈大笑。

病猫很聪明，他的成绩很好。有一回上语文公开课，老师问谁能用"禁"组个词，病猫抢着说："老师，我来！"老师微笑着点点头，病猫站起来说："禁，禁止；禁，情不自禁。"老师说："很好！"病猫便向大家鞠了个躬，说了声："多谢！多谢！"老师也搞笑地说："不客气，不客气！"他们师徒俩一唱一和，让公开课气氛一下子活跃起来了。

病猫乐于助人。有一次，班上有个同学生病了，整天躺在宿舍，有点儿想家。病猫知道后，每天放学都去宿舍看他，给送菜送饭，还讲了一大堆让人捧腹大笑的笑话。不久，这个同学的病好了，他的父母当面感谢病猫，病猫说："不用谢，过些日子，我要改名叫雷锋了。"说完便大笑起来。

这就是病猫，总让同学们捧腹大笑。

勇 敢 的 她

杨　智

我们班新转来一名女生。她总是一个人不声不响地坐在位子上，从不抬头正视哪一个人，只有你不注意的时候，她才会猛然抬头向你瞥一眼，又迅速地收回目光。如果你主动和她交谈，她的脸就会羞得像一个大红苹果似的，可能是太紧张，她总是低头看着自己的脚尖，两只手不停地翻动着衣角，甚至说话时，都带着颤抖的声音。如果你不离开，她是绝不会抬头的。

一次美术课前，班里的"小霸王"王强忘了带美术材料。他左看看，右瞧瞧，眼里突然闪出一道亮光，他来到了班里最老实的李忠座位前，二话不说，伸手就抢他的水粉颜料。李忠喊着："还我颜料！还我颜料！"急得泪水都在眼眶里打转了，可王强就是不理他。

这时一个陌生而响亮的声音响起来："放下！不许拿！"大家不约而同地转身一瞧，想不到竟是那平时一声不吭的新同学。她一个箭步，奔到了王强面前，紧锁双眉，用愤怒的目光看着王强，用手指着他的鼻尖，厉声说："你怎么能看李忠老实，就抢他的颜料呢？快还给他！"王强看着这阵势也吓蒙了，从他的眼光中，流露出了慌乱的神情。也不知怎么搞的，颜料真被他放在了桌子上。全班同学都哈哈大笑起来，因为谁都没想到平时一身霸气的王强，那天第一次那么听话。再看王强，红着脸，低着头，摸着后脑勺儿，不知所措地站在那里。这时，那新同学微笑着说："王强，我可以借给你颜料，不过，你要答应我，以后再也不能欺负别的同学了。"王强羞愧地点点头。

我这才恍然大悟，新同学并不胆小。在是非之间，在不良行为出现时，她敢于站出来，她是一个勇敢者。

那一幕，让我感动

王逸凡

在无数的岁月里，有许多情景令我感动。那一幕——母爱的伟大，让我潸然泪下。

地震来了，地面摇晃起来，很多建筑物倒塌。原本美丽洁净的城市变得一片狼藉，不堪入目。

急救人员赶到现场，展开大规模的急救。不一会儿，急救人员发现了一具尸体，她已经死了，建筑物把她压在下面。可是还发现她身体下面有一个用棉被包着的东西。急救人员费了好长时间才把建筑物挖开，拿出那东西。是什么呢？结果让在场的人都吃惊了！是一个刚出生不久的婴儿。雪白的皮肤，粉红的脸蛋儿，她依然是安详地睡着，睡得那么香甜，丝毫没有亲人被夺去的惊慌，多么好的一个小生命啊！之所以她能安然无恙地睡着，是因为妈妈用自己的身躯保护着她，为她挡住了致命的砖瓦和沉重无比的建筑物。而就在这时，急救人员又从棉被里发现了一部手机，上面写着："宝贝，我和爸爸旅游了，在那里快乐地生活着，你要坚强，加油！——爱你的妈妈。"所有人忍不住流下了感动的眼泪。妈妈为了不让她以后伤心、孤单，用善意的谎言告诉她爸爸妈妈已经走了。她希望这个善意的谎言让这个婴儿长大成人后会觉得爸爸妈妈没有走，其实就在身边。

我被这母爱感动了，我的母亲又何尝不是这样呢，每次回家，她都会把热腾腾的饭菜放在桌上；我睡熟了，她都会来到我房间为我轻轻盖好被子；打开衣柜，就会看到有干净整洁的衣服放在里面。母爱就是这么默默无闻。

我为那舍身救子的母亲而感动，为母亲对自己的付出而感动。

我长大了

李文静

小时候，我常常让妈妈生气，所以常常会挨打。那时候，我心里有些抱怨妈妈，甚至有点儿恨她。但事后一想，她毕竟是我的妈妈，

生我养我，是妈妈给了我生命，所以我恨不起来。我想，是因为我做错了事，妈妈才会生气的，如果我乖乖听话，也不会让妈妈生气，说实在的，是我让妈妈伤心的，我不该抱怨妈妈。再说了，俗话不是说嘛，打是亲，骂是爱。

我记得有一次，妈妈气急了，真是"火山爆发"，狠狠地打了我。我不想再理她了，她不说话，我也不主动向妈妈认错。到最后，还是妈妈先开口了，她问我："还疼不疼？"我摇了摇头，我本来不想告诉她的，但我离不开妈妈。妈妈说："我打你，是因为你太让妈妈生气了，你不听话，你让我怎么办，不打你，你能记住吗？我也不想打你，你是我身上掉下来的肉，一点儿一点儿地把你养大，不容易，你小时候还老是生病，你知道我有多急得慌吗？妈妈就这脾气，难道你还不知道吗？我想让你听妈妈话……"说完后，我看到妈妈哭了，我也想哭，但我没哭出来。

我似乎懂了，我感觉我一下子长大了，我知道妈妈的不容易。那一次，妈妈和我说了许多，还说了她小时候的事，我一直在认真听，我忽然觉得我长大了，懂事了，我也更加爱妈妈了。从那以后，我很少很少让妈妈生气了，因为我长大了，我努力让妈妈忘记她小时候的苦。

直到现在，我一直都是妈妈的乖女儿，不管将来还是现在，我都会是妈妈的乖女儿，她为我付出太多了。我没办法报答她，做妈妈的乖女儿，听妈妈的话，这也许是给妈妈最好的回报吧！

051

我想握住你的手

那一刻，我失落极了

马心恬

生活中有无数的"那一刻"，"那一刻"在我们的记忆中微不足道，但在众多微不足道的记忆中，总有"那一刻"令你难忘吧。在我众多微不足道的记忆中，也有令我难忘的"那一刻"，而那一刻的感受，不是快乐，不是激动，而是失落。

那是小学三年级下半学期，读完今年，我就要转学离开去新的地方了。这意味着曾经的友情要被切断，这意味着昔日的好友就要分离。放假前的那一天，知道这个消息的同学们个个泣不成声，毕竟就要分别了，这一别，可能就意味着永远不会再相见，甚至再次见到就成了互不相干的陌生人。

在这告别的一刻，我唯一的愿望就是再和我最好的朋友出去痛快玩一次。我们一起微笑着走出了学校，奔向了公园。当我们还没有走到公园，就在路上遇到了我的好朋友的妈妈来接她回家，当她的妈妈告诉她，她的表姐来了时，她立刻高兴地欢呼雀跃，立刻让妈妈带她回家找表姐玩。我一直没有作声，当她的身影消失在茫茫人海中的那一刻，我失落极了，答应和我一起玩的话呢？我们分别时的悲伤呢？都去哪儿了？我的心情顿时像跌落谷底一般，而过去的美好的回忆也从此封存在我的心里。

那一天，我失落到极点的感受，让我难以忘怀，那种感觉，太难受了。

美味的云南小吃

王　洋

我的家乡在云南省曲靖市，这儿有许多当地的美食。作为一个曲靖人，我最爱吃的就是辣子鸡和蒸饵丝了。

辣子鸡是将上等的鸡肉与鲜亮的干辣子切成小块，然后一起放在油锅里炸，炸好之后，原本白色的鸡肉变成了金黄色，上面闪着油光，还散发着一股诱人的香味，最后撒上一把葱花，真是让人垂涎三尺。

辣子鸡是我们曲靖的特产，每当有亲戚朋友来家里，妈妈就会做辣子鸡给我们吃。吃饭的时候，我总是嚷着把辣子鸡放在我面前。妈妈做的辣子鸡不仅颜色光亮，而且味道也香醇浓郁。夹着一大块鸡肉一口咬下去，顿时，我的心里充满了妈妈爱的味道。那鸡肉外脆里嫩，干辣子酥脆可口，舔舔嘴巴，不禁又吃了几块。吃完后回味无穷。虽然有些辣，但让人吃了一块忍不住还想再吃一块。

如今曲靖市的龚氏辣子鸡因为独特的配方和精湛的手艺，辣而不腥，食而味醇，享誉海内外。

聊完辣子鸡，接下来我们再说说蒸饵丝。

蒸饵丝是我们曲靖的名小吃，作为早餐，既填得饱肚子，又营养美味。蒸饵丝的调料非常丰富，而且相当考究，选用新鲜的韭菜和绿豆芽，还有专门熬制的酱油和精心炒制的肉酱。饵丝所用的酸菜也是自家腌制的。当然辣子油的辣椒来自丘北，这辣椒在其中可扮演着重要角色。精盐、白糖、味精等也是不可缺少的调料。

听了我的介绍，你们有没有流口水呢？

桃 花 饼

金炜佳

三月、四月是桃花盛开的时候，每当这时，我都会与姥姥上山摘桃花，回来做桃花饼。

姥姥负责摇摇桃花树，我负责捡桃花。姥姥只要轻轻一摇大树，桃花便犹如仙子一般降临，在空中她们转动自己粉红色的裙摆，好像在互相攀比着，看谁更加美丽。慢慢地，她们落到了大地上，为大地织了一件粉红色的衣服。放眼一看，地上的桃花密密麻麻的，我连忙弯下腰来捡桃花。伴随着鸟儿的叫声，花儿的芬芳，很快便捡完一筐了。

我们带着一筐的桃花满载而归，接下来就是做桃花饼了。

首先我们开始揉面，一舀水、一盆面搅拌在一起，一按一揉，一按一揉。姥姥在揉面，我在旁边看着，时不时还会装模作样地按一下，但经常会把面粉弄得满身都是，好像一只小花猫，但姥姥也没有责怪我，而是慈祥地笑着我那可爱的模样。

面揉好了，接下来的任务便是洗桃花了。

我们将一筐桃花装入大盆里，姥姥从井下抽水，水冰冰凉凉的，我们却洗桃花洗得那么开心。洗完便开始包桃花饼了。

首先将面团揉成许多小球，再在上面按出一个小坑，将桃花放进去，再包起来。很快，在我与姥姥共同制作下，一屉桃花饼便包好了。

我们将桃花饼依次放入油锅，渐渐的，桃花饼外面开始泛黄，起了一层小脆皮，这也就代表快要好了。而我在旁边早已忍不住，馋得直流口水。

饼刚出锅，姥姥便给我夹几块，让我尝一尝。看着那喷香的桃花饼，我一下子咬上去，外脆里嫩，太好吃了。

这个桃花饼饱含着我的快乐、奶奶的慈爱，让我永生难忘。

三 道 茶

龚 倩

我是一个来自浪漫之都——大理的女孩子，我的家乡有着美丽的风景，有着特色的小吃，有着热情的白族人民，但是让我印象最深刻、我最喜欢的还要数我们大理的三道茶。

之所以把它叫作三道茶，是因为它是由三杯不同的茶组成的，这三杯茶各有各的特点，也包含着不同的意义。

第一道茶是很苦的，特别是第一口，就像喝中药一样，有一些人只要是喝一小口都会觉得太苦了，因为这一道茶是想告诉你，人生都是要经过各种苦难的。

第二道茶的味道是甜的，因为第一道茶十分苦涩，所以第二道茶甜香可口，是想告诉你，在你经过了困苦之后就会有回报，就是我们说的先苦后甜。

第三道茶是最有特点的一道茶，这一道茶结合了甜、苦、辣这三种味道，这一道茶的名字叫回味茶，先是三种味道，喝到最后你会发现它像清水一样没有味道。它是想说，人一生经历了太多太多，有苦有甜，但是最后还是什么都没有剩下，还是如清水一般平淡。

这就是我最爱的家乡的三道茶，喝了这三道茶之后我明白了什么叫作先苦后甜，人生总是曲折不定的，到最后不管是苦还是累都会变为一杯清水，所以我们应珍惜当下，不给人生留下遗憾。

水湖山色

　　雨中的山色，其妙完全在若有若无之中：若说它有，它便随着浮动的轻纱般的云影躲在雾后，仿佛什么也没有；若说它无，朦胧的雾后翠色欲滴的山色又分明刺你的眼。

水湖山色

梁雅茹

　　都说"西湖美景三月天"，十月国庆节，我迫不及待地踏上了天堂杭州的寻访之旅。

　　初到杭州，便赶上雨天，阴雨绵绵，却毫不影响游玩西湖的兴致，撑把伞就去了。我们一家人徒步游西湖，正值秋桂时节，漫步在一片桂花香中，香味并不浓郁。我们没有按照最佳旅游路线走，更多的是随心而行，哪儿景致优美，便往哪儿走。

　　我往湖对岸望，发觉望不到边，才知道西湖原来这么大。雨中漫步，便欣赏到了出奇的山色。雨中的山色，其妙完全在若有若无之中：若说它有，它便随着浮动的轻纱般的云影躲在雾后，仿佛什么也没有；若说它无，朦胧的雾后翠色欲滴的山色又分明刺你的眼。

　　走着走着，我们来到了雷峰塔，我坚持爬楼梯登上塔后，看到一个碧玉般的西湖无遗地呈现在眼前，依稀辨出中间被翠湖包围的湖心岛，远山、矮桥尽收眼底，好一派景致。

　　小雨霏霏，发觉天已暗下来了，我们赶紧租了条小船，欣赏湖中景。十月的荷塘，并不是游赏的最佳时机，因为只剩下"接天莲叶无穷碧"了，荷叶早已残破。夕阳西下，远处的孤山，身处的西湖，无须刻意布局，便自然坐落出一种景致：绵绵细雨，湖面开出千万朵小水莲，也仍不会打破西湖的平静，像一块碧玉嵌在山前。偶然会闯进几只调皮的野鸭，在湖边嬉戏，更多的是湖中船只在缓缓行驶，沉浸在西湖的静美之中。远间的山此时被镀上了一层金黄的边，正安然立在西湖之中，像护花使者似的守护着西湖。

　　秀丽西湖，来年三月，希望再次造访，期待那时最美的西湖。

奇 幻 之 旅

郭一鸣

　　在一个夜深人静的夜晚，正当我准备安然入睡时，突然天空闪过一道光，我打开窗户，一台神奇的时光机出现在了我的眼前，时光机发出了刺眼的光，我赶忙闭住眼，可是意外的事情发生了，当我睁开眼睛时，我已经来到了另一个世界。

　　就在这时我听到了一声咆哮，我寻声望去，发现就在不远处有一只霸王龙正咆哮着向我跑来，我已经吓得腿都软了，根本跑不动。可是当霸王龙到了我的身边，却从我身边走过，根本没有在意我。就在这时火山喷发了，我现在才明白原来我回到恐龙灭绝的时候，真是祸不单行，就在这时，那台时光机又出现了，并再次发出刺眼的光，就这样我就又穿越到了另一个世界，就是人类世界。可是当我再次睁开眼睛时，却睡在床上，我顿时知道了这件事情的来龙去脉，其实我早就睡着了，刚才只不过是做梦罢了。

　　今天做的这场梦可真有趣呀，真希望下次还可以做这种梦。

游美丽的月亮湾

李杰华

今天，我和小伙伴们又来到了那个犹如仙境的地方——月亮湾。

刚来到河边，就听见小河姐姐弹奏着优美的琴声，仿佛在欢迎我们的到来。我急忙换上泳衣，拿起网兜，兴冲冲地投入大自然的怀抱。

这里的水清澈见底，山村竹海倒映在水中，清晰可见。各种花纹的小鱼在水里游着，小虾在石头上跳跃着，好不热闹。你看！有的小鱼在水里找食物；有的成群游在一起，好像正在开会；还有的在水中的石头上休息。小虾最淘气了，它们在石缝中穿来穿去，好像在捉迷藏。因为水底坑坑洼洼、高低不平，还有许多五彩的鹅卵石，所以月亮湾的水有深绿的，有浅绿的，还有透明的，如此美丽。

月亮湾不仅水美，山也十分壮观。两边的高山全部被绿色包围，一眼望去，就像绿色的海洋。山上长着成片的翠竹，好像给大山穿上了一件绿色的衣裳。一阵清风迎面吹过，还夹杂着翠竹的清香，细长的竹叶随风摆动，发出沙沙的响声，加上鸟儿欢快的鸣叫声和溪流声，美妙动人。

我和小伙伴们带上吸水棒、水枪和水桶等工具，去乘竹筏漂流。由于是第一次坐竹筏，我非常激动！一位叔叔撑着竹筏，带着我们缓缓地顺流直下，向前驶去。竹筏上的小伙伴们开始了第一场"水仗"。我用吸水棒吸足了水，猛烈攻击，终于打退了一个人，他狼狈地跑了。"哎呀！谁？"我被击中了！"看招……"我击退了一个，可是，又迎来了另一个。不知不觉中，我们都湿了身，还难分胜负。于是，我们商量着一起用水枪攻击别的船。小伙伴们都觉得这是个不错的主意。我们各自拿好"武器"和来往的船打起了"水仗"……最后，我们大获全胜！这时，我感到了团结的重要性，懂得了"团结就是力量"的真正含义。伙伴们也同意我的想法。其中一个小伙伴表示："下次我们也一定要一致对外哦！"他那认真的表情逗得我们哈哈大笑。

不知不觉中，太阳已经落山了。我们依依不舍地告别了美丽、可爱的月亮湾。这里是我最喜爱的地方。我喜欢那青青的山，清澈的水。朋友们，如果你想找一个如同仙境的地方，那么，来月亮湾吧！这里会让你神清气爽、心旷神怡！

061

千狮山游记

朱德宇

放假时，我和爸爸妈妈来到了剑川的千狮山，见到了许多狮子石雕。

一进大门，就有两块碑吸引了我的注意！我一看，竟然是上海大世界基尼斯之最！我仔细一读，才知道这里有最大的石狮（狮王），这里是雕刻石狮最多的景区（共刻有三千二百余只）。我心想，既然是狮王，那肯定非常威武，我得快点儿去看看。

我们开始登山。山脚下，蹲着两只威风凛凛的石狮子，让人看着就精神振奋。石阶很陡，不怎么好走。但我一心想着见到狮王，就不顾一切地往前冲，把爸爸妈妈甩下了一大截儿。不一会儿，我们便到了千狮坊。这座坊可以说是世界上雕刻狮子最多的石坊。石坊从坊顶、斗拱、瓦当、滴水、雀替、挂坊、抱鼓到基座上，刻有足足一千多只狮子，只只栩栩如生。它们形态各异：有的滚绣球；有的双狮戏花；有的静卧凝思；有的抬头仰望，仿佛在膜拜山顶的狮王；还有的狮妈妈抱着狮宝宝喃喃细语……其中我觉得最有趣的狮雕像，是全家福，也叫十全十美：有慈祥的爸爸妈妈，嬉戏玩闹的哥哥姐姐，脚踩绣球的弟弟妹妹……可我数来数去就只有九只狮子，按理说应该有十只呀？最后还是细心的爸爸发现了，原来还有一只调皮的小狮子躲在它妈妈的肚子底下。

062

我还看到了千年古柏。那棵树足有八十余米高！据说很久以前，有人偷偷来砍这柏树，可砍了三分之二时，忽然电闪雷鸣，斧头上冒出了火花，那人吓破了胆，当场一命呜呼，从那以后没人再敢打那树的主意。它根部虽然只剩三分之一，可依旧郁郁葱葱地生长着。

我们又走了大约八百米，一块巨石隐隐约约透过林荫，映入了我的眼帘。我猜测那可能就是狮王，不由得加快了脚步。不久我们就看到了狮王。它盘坐山顶，遥望着剑川坝子。狮王是由一座小石山就地雕刻而成，百余名剑川石雕匠人历时两年才完成的！这狮王足足有二十五米高，十八米长，十二米宽，是目前世界上最大的石雕狮子！它张开的大嘴，能够让几个成年男子立于其中，头上的卷卷鬃毛更添英武之气，一双炯炯有神的大眼睛更是让狮王显得霸气十足。站在狮王脚下，俯瞰千狮山，我心里升腾起一股敬意，多少白族石雕匠人依岩就石，精雕细琢，才成就了今天的千狮山啊！

母 亲 的 爱

王金铭

从记事起，母亲的爱就像空气围绕在我的身边，像甘霖滋润着我的心田。

灯光下，母亲的眼神格外温柔，在夜里一次又一次地给我盖好被子，动作轻盈得像一只猫咪。把一切都安顿好之后，她转身走进洗漱间，洗着我的衣服，满含笑意地将它们熨平，小心翼翼地放在我的枕边，闻着散发着爱的味道的衣服，梦也总是甜甜的。

冬雨淅淅沥沥地飘着，走出学校的大门，一股寒风吹来，我不禁打了一个寒战。雨顺着头发滑过脖颈，好冷啊！我咬着牙，低头往家走去。这时，我的头顶突然多了一把雨伞，我转头看去，是母亲。"对不起啊，妈妈加班，来晚了。"她一边说，一边把自己的围巾递给我。吹来的风似乎没那么冷了……

"出门要小心啊！"母亲在门口一遍遍地叮咛，小声嘀咕着母亲的唠叨太多，心里却异常温暖。走到路口，似乎有一股力量吸引着，回头望望，母亲仍然站在门口。岁月将母亲雕刻得十分精巧，那样的精巧刺痛了双眼，转身，心里对时光又爱又恨，说不出的酸楚。

母亲的爱好像一片片羽毛，为我插上有力的翅膀，伴我飞向远方，追逐梦想。

给妈妈的一封信

梁士睿

亲爱的妈妈：

从我呱呱坠地到今天的活泼可爱，您付出了无数的艰辛，随着我的长大，您的青春都给予了我，脸上爬上了几条深深的皱纹，不再光滑……

您对我的爱，比天大、比海深。在我淘气时，与您怄气；在我生气时，与您顶嘴……妈妈，我与您顶嘴时，您是不是很难受？您打我时，是不是很伤心？哦，妈妈，原谅我的无知吧！

今天是母亲节，我要为您送上最真切的祝福。您对我的爱，像一场春雨，一首清歌，润物无声，绵长悠远。我身上穿的衣服是您用汗水编织的，我健康的身体是您用汗水浇灌的。

在我冷时，您伸出温暖大手，为我披上大衣；在我生病时，您关注的目光让我感动。汗水流下时，您却说："我不累。"只要是我爱吃的，您总是留给我吃……无数的细微之处，都表达了您对我深深的爱。

母亲，您托起我稚嫩的翅膀，让我在广阔的天空自由飞翔，却压弯了您的脊梁；母亲您对我孜孜不倦的教诲，使我明白了更多的知识，却沙哑了您的喉咙。

千言万语都浓缩成一句话：妈妈我爱你！

妈妈，请听我说

吴　倩

　　妈妈，自从妹妹出生以来，我心里一直埋着很多话，一直不敢开口。可是今天，我再也忍不住了。在这里，我想一吐为快，您能听我说吗？

　　有一次，您到我和妹妹的房间里来，看到了房间里很乱，地很脏，于是您不问青红皂白，就打了我一顿，一边打还一边说："你长这么大了，难道你们的老师没有说过，不能随地乱扔东西吗？你现在就把纸条收拾干净，把房间收拾好，快！"我只得垂头丧气地弯下腰去拾纸条。妈妈呀妈妈，您怎么不想想妹妹，那个令人讨厌的妹妹，这件事是她做的呀！可是您为什么不去管管妹妹呢？妈妈，妹妹现在小，是需要照顾。可现在不管她，任她性子来，她就会养成坏习惯啊！

　　还有一次，您发现我们姐妹俩睡的钢丝床底下，有一条尿湿的裤子，就把我喊到了您的房间里骂了一通，还叫我以后不要再把脏裤子扔到床底下去。当时，我不敢开口对您说明原委，但我在心里说："妈妈，您听我说，我已经长大了，已经是一位五年级的学生了，已是一位戴红领巾的少先队员了。这件事不是我做的，是妹妹做的呀！"但是，当我看到您那严厉的眼神时，话到嘴边又被迫咽了下去……

像这样的事，我一口气就能说出一大堆。

妈妈，我最后要说："您可知道我受了多少委屈，心里多么痛苦！我也是您的女儿啊！妈妈，请您对我公平些吧！"

母爱似海

张秀丽

成长路上，你默默相伴，如海水盈盈，情深绵绵；你静静地相拥，如海水蔚蓝，温柔深广；你执着地牵着我的手，跟随我的脚步，潮涨潮落，母爱似海，而我只是一只小船，在你的浪里摇曳……

"哇，哇……"伴着哭声，我降临在这个世界。你笑了，仿佛我是朵缤纷的花朵，点缀了你的世界，只要拥有我，你的每天都是开心的。记得小时候，你教我学骑自行车，我摔倒了，你轻轻拥抱我入怀，我贴着你的脸，感觉着你呼吸的起伏，就像海的波浪。

可是，从我开始学小提琴起，你变了，变得冷漠又苛刻。温暖的大海仿佛进入了冬季，冻结了所有的暖流。每次练琴，你都站在我的旁边，拿着一根教鞭，指着我的手，我错了，你就敲打我一下。我为你的冷漠感到伤心……

最近，我越来越容易出错，你生气了，严厉地对我说："学不会是能力问题，不好好学是态度问题。没有一技之长，你怎么在这世界上站稳脚跟啊！"一边说，一边流下了眼泪……那一刻，我读懂了你，你是希望我变得更优秀。

母爱似海，她积攒着力量，将我擎举在她的浪尖，我的小船慢慢航行，她只深情流动；母爱似海，她消磨了自我，将一片澄澈书写在我的未来！

小 淘 气

金奕特

"当当当"，有人敲门。咦，这么晚了，是谁啊？我开门一看，噢！原来是对门的邻居——一岁多的小女孩儿和她妈妈。

一进门，小邻居就开始"搜查活动"了。只见她这边看看，那边翻翻，好像我家有什么宝贝似的。

天哪，她竟然拿起了我的哆啦A梦录音机！看着她手拿录音机，冲我"嘻嘻嘻"直笑的样子，我的心都提到嗓子眼儿了。这个小家伙可是个喜新厌旧的"破坏狂"！只要看到有比她手里拿的更好的东西，就会立马扔掉手里的，去拿更好的。我这个录音机可经不起摔！我赶紧跟在她后面，万一她一扔，我还可以接住。

突然，她像哥伦布发现新大陆似的，欣喜若狂地奔向我的塑料盒区。我紧随其后，只见她拿起一只塑料瓶，搬运到阳台，可就是不愿意放下录音机。

我急中生智，马上拿来一只维尼熊，她的注意力立马被吸引住了。哈哈！这么容易就进了圈套了！我又使出浑身解数来吸引她，她一边"呀呀呀"发声，一边伸出一只小手，张开五指，一步一步向维尼熊走来。我暗自窃喜……

突然，"啪"一声，我低头一看，天啊，她把我的录音机摔在了地上！我也顾不得什么维尼熊了，赶忙拾起录音机，十分伤心。小邻居看我一脸苦相，竟然一边摆弄着维尼小熊，一边"咯咯咯"地笑了起来！真亏她能笑得出来！唉，我可怜的录音机！

我这个小邻居可真是又淘气，又可爱！

可爱的圆圆

高　洁

我的妹妹叫圆圆，今年四岁。她梳着一个蘑菇头，不大不小的眼睛像两颗黑宝石一样，总是不安分地忽闪着，圆圆的脸上总带着顽皮的笑意。

我的妹妹是属猪的，可她的性格却像一只顽皮的小猴子。刚爬到了床上，一转眼又跳到桌子上，你做什么，她就跟着做什么，那劲儿真叫人哭笑不得。

下午放学后，我正在做练习题，她走过来对我说："姐姐，我要写作业。""去，一边玩去，小孩子会写什么？"我不高兴地撵开她，接着又低下头去学习了。妹妹见我不理她，就悄悄地拿走了我的橡皮，可我一点儿也没发觉。

唉，有一道题写错了，我急忙找橡皮。你猜怎么着？她把我的橡皮切成了碎片。我真想揍她一顿，可作业没写完，也就暂时忍住了。

好不容易写完作业，我刚准备教训她，谁知她来了个"恶人"先告状，一下扑到妈妈怀里，对妈妈说："妈，姐姐要打我。"看着她那逗人的样子，我"扑哧"一声笑了，也就饶了她。

记得还有一次，爸爸让我教她一首唐诗，我打开唐诗书念道："李白乘舟将欲行……"一句刚念完，妹妹连忙就说："李白——小白羊，年纪不大胡子长；鹿鹿，梅花鹿，头上长着两棵树……"我既好气又好笑地说："小笨蛋！……""大笨蛋！"妹妹娇声娇气地又把话头抢在我的前面了，引得一家人哈哈大笑……

你说这个小丫头逗不逗？

我的弟弟

戴　舒

069

我的弟弟叫登登，今年七岁，长得十分壮实，白白的脸上闪着一双黑黑的眼睛，走起路来就像他的名字一样，满楼道"噔噔"直响。

登登从小就是个淘气包，经常趁姥姥不在时溜下楼去，在花坛里玩泥巴，直弄得一身脏兮兮的才肯回家。小时候，他的双脚有点儿内八字，经常自己绊自己一跤。有一次，我们和爸爸妈妈一起去长城玩，登登不知摔了多少跤，回家后妈妈问他："今天你摔了多少跤？"他皱起眉头想了想说："哎呀，我没数清楚。"把一家人都逗乐了。

登登现在上二年级了，他非常爱看书。有一大本带彩色插图的科技书，他看起来可专心了，老半天也不抬头，那钻进书堆里的样子，

水湖山色

就像一个大学问家。当他看明白一个问题的时候，就会跳起身来大声嚷嚷："大家安静，我宣布一个重大发现……"

不知从什么时候起，登登迷上了足球。一听有足球赛，就飞快地跑到电视机前，专心地看起球赛来，一会儿叫："好球！"一会儿骂："真臭！"他不但爱看足球赛，还爱踢足球呢，只要他把足球踢进门，就大声喊起来："进门了！进门了！"

我非常喜欢我这个可爱的弟弟。

害怕吃药的丫丫

赵　帅

070

药，虽然苦，但比起打针来毕竟好多了。有人觉得，喝药有什么难，把药搁进嘴里，喝口水，咕嘟一吞就咽下肚了。可对一个五六岁的小孩儿来说，那可是难于上青天。

说起妹妹吃药，可有一段历史了，在以前，她一病了，喝药时得全家配合，爸爸一手捏住她的鼻子，一手拿着药片，妈妈一手抓住她的双手，一手端着缸子，我也得把她的脚压住，好不容易把药灌了下去，但她还能吐出来。因此，喂她药可不是一件容易的事。

一天，妹妹说她的头有些不舒服，妈妈觉得小病不用打针，吃点儿药就好了，便对妹妹说："丫丫，你这么大了，应该学着吃药了，你头不舒服，就先吃个又小又甜的感冒通吧。"

这一次，爸爸先让我动员她，我对妹妹说："这药不苦，又那么小，一喝水就下去了。"妹妹同意了。爸爸拿出一粒感冒通，我拿起杯子，爸爸把药塞进妹妹嘴里，我急忙喂她水，可她只把水喝下去了，药仍在嘴里。我又耐心地给她讲："你别怕，嗓子张大一点儿，不要想嘴里有药，想着口里只有水没有药。"她又一次鼓足了勇气，这次她按我教她的方法顺利地喝下去了。喝下去以后，她便奶声奶气地说："妈妈、爸爸、哥哥，我会吃药了！我会吃药了！"我们家里一片欢笑声，我们都为妹妹学会吃药而感到高兴。

妹妹吃药虽然是小事，但它也可以看出妹妹战胜困难的决心和勇气。从那以后，妹妹吃药再也不怕了，她还能吃一些小的苦药呢。

小 吃 货

071

我的小弟长得虎头虎脑，胖墩墩的，一看就知道是个小吃货。不信，你到我家来瞧一瞧。

这天，爸爸买回来一个大西瓜。只见弟弟双手抱着一块大西瓜，眼睛盯着桌上的西瓜，一口接一口地吃着，连西瓜籽也顾不上吐。他一边吃一边走，一脚踩上了西瓜汁，一下子滑倒在地板上，西瓜正好摔在他的嘴边。弟弟没哭也没闹，他躺在地上接着吃！他的这副吃相，逗得全家人哈哈大笑。

更有趣的是，他常能吃出花样来。一次，我们吃葡萄，吃着吃着，他指着一颗亮晶晶的葡萄叫了起来："小兔，小兔。"我一看，呵，还真像呢！那两块竖起的葡萄皮正是小兔的长耳朵，那皮下露着的一部分果肉真像小兔的小圆脸，整颗葡萄活像小兔的小脑袋。看着弟弟的新发现，我从心里佩服他独到的眼光。

像这样的事，我能举很多。您说，我的弟弟怎么样？

小 莲 藕

李思思

我大舅妈的女儿今年一岁多。圆滚滚的胳膊、腿，一坐下来，就挤出一节节饱满的"莲藕"来，谁见了都想摸一摸，我呢，更想咬上一口。所以呀，我爱叫她"小莲藕"。

别看小莲藕路还走得不大稳，话也说得不大清，可有一次竟让我这个堂堂的大表姐下不了台。

那天，妈妈带着我和妹妹到大舅家去玩。小莲藕一见我们，高兴得乱踢乱叫。我和妹妹拉着她到楼上玩捉迷藏，她玩这个最起劲啦！我让她和妹妹先躲。我刚刚闭上眼睛，就听见了"哗哗"的水声，睁开眼一看，哦，小莲藕尿裤子啦！

再看看小莲藕，她像个身经百战的将军，不慌不忙地审视了"战场"——地上的那一摊尿迹。接着，她甩开了小腿，歪歪倒倒地向阳台上"开拔"了。她是要干吗呢？到了门口，她踮起了小脚，努力举起胳膊，想够着挂在门把上的尿布。嘿！扯了几下，尿布居然还真给她拽下来了。顿时，她脸上绽开了笑容，又摇摇晃晃地往回走。

小蓬藕在我面前停住了脚步，高高扬起手中的"战利品"，冲我一笑，又指了指自己的裤裆，吱吱哇哇地冒出一连串"外语"。我恍然大悟，小机灵鬼一定是请我帮她收拾尿湿的裤裆。可……可我哪做过这档子事呀？我臊红了脸，不知如何对她解释。妹妹在一旁幸灾乐祸地说："你这个大表姐，笨蛋一个，她哪里会收拾！"

这件事真让我尴尬。小莲藕呀小莲藕，虽说是这样，可我还是爱你没商量。

我的外甥女

邵芳芳

我虽然才十岁，但是已经有了一个外甥女。她才出生四个多月。

我这个外甥女长得特别惹人喜爱，圆圆的脑袋，圆圆的脸，圆圆的头上戴着一顶红白相间的圆帽子。大大的脑袋上长着高鼻子，一双跟她妈妈一样美丽的大眼睛总是瞪得圆圆的，骨碌碌地转来转去。圆圆的小嘴巴总是一动一动的，一天到晚就想吃东西。刚吃过奶糕，一会儿又要吵着吃奶。其实她最喜欢吃的是烧得很烂的稀饭加一些菜汁，因为她这样贪吃，所以她身体都是圆的，圆圆的手臂，圆圆的腿，就连一双小脚也是圆鼓鼓的。由于她浑身上下都是圆圆的，所以她爷爷给她起了一个小名，就叫"圆圆"。

我可喜欢圆圆啦，经常逗她玩，引她笑，她也认识了我这个小姨。有一天，我带了两块小手帕给她擦口水，她看见五颜六色的漂亮的手帕，快活地笑着，两只手上下摇晃着，张开嘴巴，好像在对我说："谢谢小姨。"我赶紧拿过奶瓶，奖给她吃奶。这下可好，手帕她也不要了，只顾吸着奶瓶，停也不停。看到她这样贪吃，我想，圆圆长大以后会变成什么样子呢？我可不希望她成为一个圆圆的大皮球。

快快长大吧！我的小外甥女圆圆。

调皮的小表妹

薛紫荆

我的小表妹今年四岁了，她长得很可爱，红扑扑的小脸上嵌着一双乌黑发亮的大眼睛。一张樱桃小嘴，能说会道。小脸就像一朵盛开的鲜花。

你们别看我把小表妹写得那么漂亮，其实她像男孩子一样，非常调皮。

有一次，我正在画图画，桌上堆满了水彩笔。这些水彩笔都是我平时最心爱的。表妹早不来，晚不来，就在这时"闯"进了我家大门。可我没理睬她，继续画我的画。表妹东瞧瞧，西碰碰，然后拿起一支水彩笔，玩了起来。我开始不想生气的，好声好气地时她说："把水彩笔还给姐姐好吗？姐姐画图画有用。"可她头也不回就躲到冰箱旁。我也走到冰箱旁，蹲下身子对她说："要不姐姐给你一支更可爱的笔。"说着我从背后拿出一支笔，笔身是蓝色的，笔头是兔子形的，很可爱。我把笔摆在她眼前直摇晃，希望她尽快将彩色笔还给我。妹妹神秘一笑，答应了我，我把兔子笔交到她的手里。

出乎我意料的是，她只是"一手夺货"，而没有我想象中的"一手交货"。她拿到笔却不把水彩笔交给我，摇头晃脑，还向我扮了个鬼脸，似乎在嘲笑我这个姐姐真没用，连她的当都会上。我看了非常生气，真想狠狠揍她一顿，后来在我妈妈的劝阻下，我这个当姐姐的只好放她一马了。

你看，她真是又机灵又调皮啊。

老师的眼神

张海瑞

从上幼儿园到现在，遇到了很多老师，而记忆最深刻的是我的语文老师。

她姓郭，高高瘦瘦的，有着健康的皮肤和柔顺的黑发，最重要的是她有一双明亮深邃而又温暖的眼睛。

"张海瑞，九十八分，不错，继续努力！"听到这个让人激动的分数，我迫不及待地大步冲上讲台去拿卷子。我走到讲台旁，望着郭老师，只见她冲我投来了一个令人温暖的目光，一下子，温暖的感觉扩散在我每一个细胞。"郭老师，我一定会再加油的！"我暗暗在心里念着。郭老师也回赠我一个温暖的微笑，给了我更多信心，那微笑就像一束温暖的阳光。

"把阅读本都拿出来！"我一听，惊慌得不知所措。因为郭老师给我们发了一本每天都要做的阅读训练书，可我爱偷懒，总是怀着侥幸心理，想把今天的作业留到明天去做，这样断断续续的，就剩了一大半。可今天，郭老师来了个突击检查，结果我被发现了。郭老师没有批评我，只是冷冷地看了我一眼，我的心忽然一紧，那眼神，让我后背发麻，如果老师骂我、批评我，我还好受些。

后来，我把以前并没有完成的阅读题全部完成，交到了郭老师的办公室。她修改完发下来后，我赶紧打开一看，阅读本上有一个小小的笑脸正对着我微笑，我开心极了。

老师的眼神有时严厉，有时温柔，但她总是一心为我们着想，有着一颗真心，教我们做人，帮我们成长。郭老师，我们爱你！

可爱的外教老师

梁玉洁

一首好听的英文歌曲在教室里响起，我们听得陶醉其中——这是我们班的外籍老师正在为同学们演唱歌曲呢！

外籍老师有一个很好听的中文名字——天空。他中等身材，一头"爆炸"式发型，一对深蓝色的眼珠陷下去很深，眉毛粗浓，长长地贴在眼眶的上方。一个高高的鹰钩鼻子下面长着一张大嘴巴，嘴唇红润。他常穿一件绿色短袖，上面还印着三个白色脚印。露出的左手臂上竟文着几个英文字母，似乎在表明他的身份。

记得有一次，为了让我们牢记"monkey"这个单词，他像模像

样地模仿起猴子来，我们被逗得前俯后仰，笑得直不起身，在轻松愉快的气氛中掌握了单词。大家纷纷夸奖天空老师讲得真棒！

你看，我的老师是不是很可爱啊？

身怀绝技的教练

冯琛君

我的跆拳道教练姓刘，他是一个看上去文文弱弱，长得像豆芽菜一样又瘦又高的人。他平时总是戴着一副黑框眼镜，一点儿也看不出他是个身怀绝技的武术教练。

那天，上课时，我觉得刘教练好像有点儿怪怪的，仔细观察才发现，刘教练的眼睛变蓝了。因为他的眼睛变色了，所以大家一下课就七嘴八舌地议论开了：有的说刘教练去了美国，把眼睛染成蓝色了；有的说刘教练肯定是去韩国整形了；还有的干脆说刘教练的眼睛是中了什么魔法……刘教练什么也没说，只是在旁边笑眯眯地看着我们。

刘教练看我们都猜不到，就告诉了我们真相。原来他今天戴了一副蓝色的隐形眼镜。没想到，平时很严肃的刘教练也喜欢追求时尚，很爱美。

其实，他只是一个普通的大哥哥。

老师的微笑

王 娟

老师的微笑，常常出现在我的脑海里。

那次，班上开展背诵课文比赛。老师让同学们站起来背诵，看谁背得流利，并且没有一处错误。我生性胆小，一听比赛，不由自主地紧张起来。就在这时，黄文婷同学第一个站起来，像流水一样，"哗哗哗哗……"一字不差地背完了。同学们不约而同地发出"啧啧"的赞叹声，连老师也跷起大拇指夸奖说："黄文婷真是好样的！"老师又向大家望望，那目光里充满了期待。我心里更慌了，像揣了只小兔子似的。尽管我一次又一次地告诫自己："王娟，别怕，站起来，试一试！"可我还是没有这个胆量。这时，同学们接二连三地背开了，他们个个都很流利地背完了，受到了老师的表扬。我的心都快提到嗓子眼儿了，手心也出了汗。老师看出了我的心思，向我投来了一个微笑，啊！这微笑，充满了鼓励，充满了希望，充满了信任，这微笑，给了我无穷的勇气和力量！我"唰"地一下站了起来。我凭着自己的记忆一口气背了下来。同学们的目光一下子集中到我身上，那目光里充满了惊奇与敬佩。我第一次感到获得成功的喜悦，感到自己是个了不起的人物。

啊！老师，您的微笑使我战胜了自我，获得了成功。

我们的"麻辣"班主任

王沁红

我们的班主任胖胖的，说话幽默风趣，笑起来两眼一眯，格外和蔼，但你可别被他的外貌给骗了，他严厉起来极为吓人的。

还记得开学第一天，第一次见到班主任时，他的脸上带着和蔼的笑容，使我们对他顿生好感。没想到，在扫视了一遍教室后，他脸上的微笑猛然收起，严厉地说："这就是你们打扫的卫生？就这么敷衍了事？"我们都吓了一大跳，气氛瞬间降到冰点，心想："这老师看着慈眉善目的，怎么说翻脸就翻脸！"

还有一次作文课，班主任正在给我们讲如何描写人物。正讲得精彩时，他发现两位同学悄悄地聊天。班主任好像没注意到似的，一边踱着步子，一边继续讲课："描写人物，一定要抓住人物的特点。我们来听听这个例文：'我们的班主任平时和蔼可亲，但只要上课铃一响，他马上就变得很严厉……一节语文课上，他发现有人在课堂上聊天，抬手便是一掌。'"讲到这里，好像配音一样，"啪"的一声，班主任抬手就给了说话的那个同学一掌，那个同学马上就明白了班主任的意思，不好意思地摸着头。班主任的这一系列动作，逗得同学们哈哈大笑。

这就是我的班主任老师，他时而严厉，时而风趣，深受同学们喜爱，我真幸运，能遇上这么一位"麻辣"班主任。

我的好老师

李　颖

戴着一副厚厚的眼镜，看起来是那么博学，不高不矮的个子，脸上时不时地露出亲切的笑容。她的步伐看起来是那么的坚定，她是我们的朋友，可以说真心话的朋友——她就是我们的语文老师。

记得初次见她是在五年级刚开学，那天的阳光很美，一缕缕照进教室，照在讲台上的她的身上，是那么灿烂，那么美丽。那天，跑完操的我们无精打采地趴在桌子上，个个都懒散地闭着双眼。这节是语文课，看着我们懒散的样子，老师便对我们说："怎么这么没精神呢？"我们拉长声音懒洋洋地说："累。"随后又是一阵大笑，不过声音并不大。老师看着我们，露出笑容对我们说："你们这节课要是表现好的话，我以后可能会减轻作业量哦。"这句话如雷声震醒了我们，一个个挺直了腰板，仿佛一群饿狼看到了食物，那样的期待，那样的开心。课堂气氛也活跃了起来，每个人都尝试回答问题，不得不说这节课的气氛与其他课堂截然不同，她有时会亲切地叫着我们的小名，甚至常常蹦出几句土话，乐得我们拍桌大笑。

我们爱她，因为我们之间不像师生，像是好朋友。

我的体育老师

袁婷婷

　　我的体育老师姓周，他呀，是全校最"狠"的老师。有多"狠"？听我讲讲你就知道了。

　　他刚来学校不久，就教我们年级的体育课，我们真倒霉到家了。他对我们班最为赏识，我们班同学也最"恨"他。

　　每次上体育课，我们都"提心吊胆"，怕被老师说，怕老师的种种办法，更怕跑步。他使出"激将法"——只要他给我们上课，不跑的同学就是不敢上战场的士兵。于是我们一个个都中了他的圈套。老师倒也宽容，让我们跑五圈。当要开跑时，我们全傻了，我的妈呀，一圈二百米，谁受得了呀？跑步完毕，老师都快找不着我们了，哪儿呢？地上，都趴下了！

　　周老师的新鲜点子可真不少。他为了我们全体达标，组织我们成立了篮球队和田径队，每天早上都逼我们去锻炼。开始时，大家都很好奇，纷纷参加训练。可不到两天，都不愿意去了。可"周扒皮"不依不饶，又亮出一张王牌——谁不去就给谁"非人待遇"。谁有这个胆，"得罪"他，有你好瞧！

　　可他的点子真不赖，不到一个月，我们班的体育成绩快赶上全校第一了……

周老师，你让我们出尽风头，吃尽苦头，真是让我们欢喜让我们忧啊！

忘不了的陈老师

何雨鲜

时间像流水，我马上就要升入六年级了。回顾往事，尤其是想起您——陈老师，心中更是充满了无限的依恋和满满的不舍之情。

记得小学一年级开学的那一天，是您带着微笑把我们迎进了校门。也许时间太久了，您当时说了什么我已经记不清，但您那温柔的目光和亲切的笑容，却深深地印在了我的脑海里，记忆犹新。

日子一天天过去了。在您的教育下，我学到了很多东西，比如会唱字母歌，学会了"爱祖国，爱人民"的深刻道理。在课堂上您是老师，在课外您是我们的好朋友。就这样，我们在一起度过一学期又一学期，您的笑声陪伴我一年又一年。

记得最初的时候，我胆子小。有一次上课，您提了一个问题。同学们都争着回答，我也想回答，可是不敢举手。我只好低着头，心里不停地念叨着："陈老师，别叫我，千万别叫我。"可您偏偏叫了我。当时，同学们的目光都落在了我的身上。我慌极了，脸烧得不行，头一直不敢抬起来，结结巴巴，语无伦次地回答着问题，同学们都笑了。我把头埋得更低了，脸更红了。我索性闭住了嘴巴不想再回答了，心怦怦直跳，生怕您会冲我发火。可是，没想到，您非但没有责怪我，反而用亲切的语气说："你不用害怕，回答错了也不要紧，应该大胆一点儿嘛。"您的声音还是那样平静，和以前一样。顿时，一股感激的热流传遍了我的全身。我慢慢把头抬了起来，正好看见了您那双眼睛，我鼓起勇气，流畅地回答了您的问题。您满意地笑了，仿佛在说："这不是很好吗？"

　　从那以后我回答问题时，您的话语就会在我耳朵旁响起，您含笑的眼睛又在我的眼前浮现，给我增添许多勇气。

　　我真想对您说："忘不了您——陈老师，谢谢您的教育培养，您的真情我会永远铭记的！"

水湖山色

蒲公英的梦想

　　蒲公英准备了几乎一个春天，为那夏季遥远的漂泊整理行装。你们在百花盛开时默默启程，不争奇斗艳，不要赞美，只希望早点儿到达梦想的"新家"。

蒲公英的梦想

徐瑞阳

漫步在田野中，只见一丛蒲公英在风中摇曳，想挣脱束缚，寻找自由，那就去帮帮它们吧！

我轻轻拔下几根，将它的花序一口气吹了出去。无意间一阵风吹起，那洁白的花序被风托起，向上，向上，向天空飞去，像云，像霞，像海。它要飘向哪里呢？我那好奇心驱使着我向前追去，但它还是消失在天际，没有一丝留恋。我徒劳无获。站在那里，望着它消失的那片天际，思绪好像跟随它飘向远方——你是否只是漫无目的地到处飘荡，直到被一阵急雨打落，成为一个泥团？你是否只是懒散地度过一生，悠闲却毫无意义？

蒲公英准备了几乎一个春天，为那夏季遥远的漂泊整理行装。你们在百花盛开时默默启程，不争奇斗艳，不要赞美，只希望早点儿到达梦想的"新家"。

蒲公英并不是那么急切，它只想慢慢地飞，享受这沿途的风景。它不求昙花一现的万众瞩目，而是想要梦想实现时那稳稳的幸福。

沿途风光不只是蓝天白云，不只是碧水青山。暴风骤雨，是一个噩梦，狂风会把它们吹得四处飘散，与朋友分别。急雨会将它们无情地打下，与那肮脏的泥水混成一起。可是它们却从未想过放弃！

直到蒲公英决定了，在一片湿润的土地上坚定地扎下了根，不容片刻停歇，不停地生长、生长，让大地成为蒲公英的海洋。

蒲公英，我要像你一样，为了自己的梦想，不断追求，直到实现。

为你点赞

杨　潇

放学回家第一件事，就是去阳台看我的花——一盆吊兰，一朵朵可爱的小白花在轻轻摇曳着，真美！

天已入夏，气温高了起来，吊兰也疯狂地进行着光合作用，越长越旺，似乎有开花的意向。从没见过吊兰开花的我决定悉心照顾，尽快目睹一下吊兰花的芳容。

大概是乐极生悲、物极必反吧，在吊兰长得最旺盛的时候，它迎来的一场浩劫——虫害，却让一切都付之东流。

开始，虫子只有寥寥可数的几只，我以为过两天就没事了，便没有在意，可没想到害虫越发猖獗。没几天，原来优雅碧绿的叶子竟变得千疮百孔、残缺不全，叶子背面，虫子毫不吝啬地留下了它那“晶莹剔透”的虫卵。吊兰婀娜修长的叶子，死的死，黄的黄，毫无生机，像一只只断掉的手臂无力地垂着，再也抬不起来。

妈妈见了，既心疼又惋惜，在叶子上喷了强力杀虫剂。仅仅一个中午，烈日的灼烧与杀虫剂的腐蚀便让吊兰黄了叶子，蔫了下去。

妈妈的耐心终于被磨光了，狠下心，剪掉了所有的叶子，无奈地叹息道："没办法啊，让它自生自灭吧！"

一个夏天悄悄走过，天气渐渐转凉。终于，在那天下午，我看到了那一抹用一个夏天的奋斗换来的芬芳！花朵白白的，嫩嫩的，在风中摇曳，那样欣然。是的，它们在冲着太阳，冲着命运微笑——吊兰，用它的坚强不屈，用它的顽强拼搏，换来了现在的光彩照人！

时至今日，每每想起那几朵小花，我依然会被它的精神打动，依然想对它说："吊兰，我为你点赞！"

失败也是一种养料

吴昀泽

088

在我家的阳台上，种着许多盆多肉植物，红的、紫的、黄的、绿的；大的、小的、单个的、群生的……简直就是一片多肉世界。

一个艳阳高照的中午，我发现这些多肉植物无精打采，准备给它们浇点儿水。为了让它们的叶子多吸收一点儿水分，我特意在叶子上面也浇了一些水。浇完水后，我似乎发现它们挺得更直了。我美滋滋地想：过几天，这些多肉一定会长得更健壮。于是，我踏着欢快的步子去做作业了。

一个星期后，我又跑去阳台看多肉植物，心想，它们肯定长大不少了吧？可我万万没想到，它们非但没有长大，而且叶子也不再那么饱满，黄黄的、软塌塌的，像一片片脱水的柠檬，有气无力地耷拉着脑袋。更糟糕的是，这些叶子只要用手指轻轻一碰，立即就掉了。

这令我百思不得其解，我这么精心照料它们，还给它们浇足了水，可为什么还会变成这样？我去网上寻求答案，原来是水浇在叶子上，遇到阳光比较强烈的时候，水滴成了凸面镜，吸收太阳光后就会灼伤叶子。另外，积水在叶片上的间隙，有可能会因为通风不好，造成黑腐。我用颤抖的双手拾起那一片皱巴巴的叶片，后悔地想：唉！如果早一点儿知道这些常识，那就不会出这样的意外了。

经过这次教训以后，我再也不敢在猛烈的阳光下给多肉浇水了，更不会直接浇在叶片上了。我准备了一个专门用来浇水的小水壶，如果发现泥土很干，我就沿着根部慢慢给它浇水，浇水的次数不用太多，因为多肉的叶片肥厚，富含大量水分，即使在干旱的沙漠地区，它们也能健康成长。

失败也是一种养料，这件事让我明白，只有摸索出适合的方法，植物才能健康成长！

保留生命的绿意

汪一尘

阳台上有几抹绿，望着它们，我总能感到一股暖意——一股生命的活力和一种难以言喻的舒畅感。

天竺竹，一种被许多文章称颂为生命力极强的植物，今天让人感到分明是太脆弱了。初春时节，它竖直挺立着，娇嫩欲滴，让人佩服。可是一阵凛冽的大风吹过，那一片片代表生命的绿色就倒下了。经过好几天、好几周，甚至好几个月的努力生长，结果面临的却是死亡。面对这个花盆，我感到的是失落。

而另一种植物，却给了我一种不同的感悟。

那是一种很普通的花，普通得让我想破脑袋也想不出它叫什么。它生长在院子的角落里，并不起眼。但醒目的是，整个枝头挂满紫风铃似的小花蕾，像黑夜里的一束光亮，又像无边无际的星星，那么小，却又那么显眼。在这片黑黑的土壤里，我看到的是希望。

利用双休日的时间，我把阳台上的花木从楼上搬下来，全部放到了院子里的那一块泥土上。有位朋友惊问我："不怕烈日、暴雨摧残它们吗？"我笑而不答。我想，它们是属于这里的，我应该让它们回到自然。

心的宽度

张　琳

那是一次返乡，正值盛夏，阳光烘烤着天地，人心情也像这不断升高的气温，充满了烦躁的火气。姑父打开了空调，使车里的温度降了很多，一路上我们有说有笑。

这平静的旅程却被一声话语打破，当我们转弯时，由于车速太快，把一位工人吓了一跳，他几乎是下意识地说出这句话——"干什么，找死啊！"我以为姑父会一笑了之，可他的举动却出乎了我的意料，姑父"嘭"地推开车门，冲下去与那位工人吵了起来，差点儿动起手来，接着姑爷、姑婆也下车去帮腔。一连串不堪入耳的脏话传入我的耳朵。他们涨红了脸，双手叉腰，每句话似乎都大声地吼出来，类似"泼妇骂街"。

激烈的争吵惊动了工地上的人们，看到一群人赶来，姑父连忙赔着笑脸："这件事情是我们的错在先，请多多包涵，对不住了啊！"他好说歹说，才勉强平复了他们的怒火，然后恨恨地回到了车内。

车继续开着，我望着车窗外流动的树影，心中不禁思考：他们为什么只因为一个拐弯，一句话，就能放下自己的尊严和形象，与人"擦枪走火"呢？

心也是可以丈量的，有的宽，有的窄。

送青蛙回家

091

罗正强

国庆长假中的一天，我跟着奶奶去地里干活，奶奶在翻菜地的时候翻到了一只青蛙。

表妹要玩，用绳子系住了青蛙的一条腿，青蛙一跳一跳，表妹就开心地哈哈大笑。青蛙发现怎么都逃不掉，浑身发抖，一双眼睛胆怯地看着我们，似乎在对我们说："放了我吧。"它明知逃不掉，却还用尽全身力气拼命地往前跳，一次一次不停地努力着。

看着青蛙挣扎的样子，表妹捧腹大笑，我却很难过，因为老师曾

蒲公英的梦想

经说过："青蛙会捉害虫，能保护庄稼，是我们的好朋友，我们要保护青蛙。"于是我把老师的话告诉表妹，表妹听后点点头说："那我们把青蛙送回家吧。你知道小青蛙的家在哪儿吗？"我带着表妹来到池塘边，把绳子解开，轻轻地把它送回了家。

我希望所有同学都加入到保护青蛙的行列中来。

聪明的蜘蛛

丁春光

092

我家附近有一个美丽的湖，我经常去湖边和小伙伴们一起游戏。

那个傍晚，我和小伙伴玩"警察抓小偷"。这时，我在一棵大树下面发现了一只蜘蛛！在一本书中，我看到过关于蜘蛛的介绍：它们能吃掉树上吸树汁液的蚊子，是捕蚊能手。这会儿，这只蜘蛛正忙着它的织网工程呢！瞧瞧，它一边吐丝，一边拉丝织网，真够卖力的。它的这个"工程"还真不小，丝得从这个枝丫挂到那个枝丫，小小的蜘蛛没有翅膀，又怎么能完成这一"工程"呢？只见它把丝的一端挂在树枝上，又边吐丝边把自己随丝悬挂在半空。一阵风吹过，丝随风飘荡，蜘蛛又随丝晃荡，哈哈，蜘蛛正巧随风晃到了另一个枝丫上！

哦！我恍然大悟，原来蜘蛛是在等风呀！好聪明的蜘蛛！

聪明的鹦鹉

钱超凡

爷爷家养着一只鹦鹉，它有一双水珠般透明的眼睛，眼眶边还镶有一层醒目的白色，衬得眼珠格外明亮。它全身的羽毛五颜六色，像披了一件五彩霞衣。最奇异的是那张嘴，像老鹰的嘴，但比老鹰的嘴弯得更厉害，张开嘴来，看见那三角形的舌头，很短很短。见到人，它就会说："你好！你好！"特别招人喜欢。

鹦鹉不但长得漂亮可爱，而且十分聪明，别人说的话，只要它听到了，都能很流利地说出来，要不怎么叫它"语言大师"呢！

鹦鹉的外号很多，除了"语言大师"外，还有一个叫"老伙计"，这是爷爷的专用称呼。鹦鹉和爷爷最亲，最听爷爷的话。

爷爷每天都要带着它去村头小河边柳树林里遛鸟，可今天，怎么不见爷爷的人影呢？怎么没听见鹦鹉的说话声呢？

噢！我想起来了，这几天爷爷常拿着鸟笼往敬老院跑，肯定又去了敬老院！想到这儿，我马上向敬老院跑去。远远的，我就听到敬老院传来的笑声、说话声，仔细听，那不太流利的说话声正是鹦鹉在学舌呢！透过门缝，看到一群头发花白的老人正坐在一起赏鸟呢！再看爷爷，笑得比以前更开心了，那样子好像年轻了几十岁。

自从建了敬老院后，爷爷常想，自己有儿有女还有鹦鹉陪伴，可敬老院里的人多么寂寞呀！那儿的老人比他更需要鹦鹉做伴，他应该把鸟送去，给他们带去快乐。所以爷爷把心爱的"老伙计"送给了敬老院。

现在，虽然爷爷送走了鹦鹉，可他一点儿都不后悔，因为他做了一件好事，他有一颗善良的心，他将得到更大的快乐。朋友，你说是吗？

蜗牛的故事

张健泉

094

早晨的轻风，把我从睡梦中吹醒。我迈着轻快的步伐，到小区里玩耍。

我一边贪婪地呼吸着清新的空气，一边欣赏着美丽的风景。松树上，雨露晶莹剔透，闪闪发光，松树仿佛穿上了一件银白色的纱衣。地上，梧桐树叶带着欢乐、平静，安详地躺着，形成了天然地毯。

忽然，我发现嫩绿的叶子上，一只小小的蜗牛正背着重重的壳，一步一步慢慢地往上爬。我想，它可能是要吃些叶子吧。可是不然，它和我一样，也正在静静地享受这安宁的早晨。不一会儿，它又慢慢地爬走，我非常好奇地跟了过去，才知道，原来它是要去叫些同伴来，一起分享它的快乐。

看到这里，我情不自禁地自我反省起来。

平常我总是很自私，好的都自己用，坏的留给别人用，以致常会被人抱怨。而且我也不愿和别人分享我的好东西，所以大家都很讨厌我，叫我小气鬼。

我从这只蜗牛那里得到好多启示，不但自己的自私习惯改过来了，而且，我还常讲给别人这只蜗牛的故事呢！

迷信的外婆

白　瑜

今天中午放学到家，弟弟就嚷着说他眼睛疼，外婆搁下针线一看，发现弟弟的右眼已经肿了好大。

我正忙着洗菜，见外婆来到厨房，把一根红线系在饭勺的把儿上。我不解地问："外婆，您在勺把上绑红线干啥呀？"

"傻丫头，光会读书写文章，连这个也不懂。这线呀，是消灾祛病线，绑在勺把上，小路路的红眼病很快就会好的。"外婆说。吃过午饭，我给爸爸讲了这件事，爸爸笑了笑，从书柜里找了一本《健康小顾问》。"看看这个，你就明白了。"爸爸翻开书本对我说。

"怎样预防红眼病？"嘿！我心中一乐，就一字一句地看了下去。哈哈，红眼病原来是由一种病菌传染引起的，要想防治它，必须注意清洁卫生，病菌流行期，一切用具和患者隔开单用，并常用热盐水洗眼；若染上红眼病，则需吃药打针，杀灭病菌。靠红线防病治病，这不是笑话吗？于是，我捧上书，来到外婆面前，给外婆念了几遍。

外婆嘴一噘，生气地说："去去去！病菌？病菌是个啥东西？"

"外婆，您不信？咱俩打个赌吧。"

"打赌？打就打！外婆要是说错了，给你讲八晚上故事；你要输了，就给我唱八晚上歌。"外婆指着我的鼻子说。

"好，拉钩！"

谁知，一天过去了，弟弟的眼睛不但没好，反而更严重了。连外婆也被传染了。

这下子，外婆心服了，她解下勺把上的红线说："唉——那个病菌可真厉害呀，像在我眼里撒了麦芒似的，难受死了。勺子上那红线真不争气，外婆我输了。"

我从爸爸手里接过一盒眼药水塞到外婆手里。"哎，外婆，您得给我讲故事。这回呀，您那故事篓子也得搬出来亮亮底儿了。"我忽然想起打赌那件事。

外婆一边点头，一边说："死丫头，那事你还没忘哩。唉——外婆的故事太老太旧了，你还是给外婆唱几支新歌换换这旧脑子吧。"

我和爸爸会心地笑了。于是，我给外婆唱起了歌。

姥姥，对不起

张宇虹

在一个微微下着小雨的夜里，我穿着一件单薄的上衣，趴在凉凉的窗台上——我和姥姥正在怄气。

不就是多看会儿动画片吗？我又不是天天看；不就是没写完作业吗？我一会儿写完不就好了……可是姥姥，不仅强硬地关掉了电视机，还没完没了地批评我。我一赌气，跑到阳台上，好冷啊，可是我现在要是回去，会很没有面子的。

　　"孩子，天冷，听话，把外衣披上……"颤颤的声音，缓缓的脚步，抖动的手。正是这双千百次温暖我的手，又一次搭在我的双肩，搂紧我，慢慢的，暖暖的……不知道什么时候，姥姥来了。

　　"姥姥不对，不应该对你发脾气。"沉默了很久的姥姥突然说出这样的话语，让我感到很惊讶——在我的记忆里，姥姥从来都不肯服输。

　　"那你呢，姥姥？"我懒懒地倚在姥姥的肩上，问道。

　　我转过头，看着姥姥。爸爸妈妈工作忙，我从小就是姥姥带大的，她为我付出了那么多，可我却一点儿都不听话，总惹她生气。为什么我总是轻易伤害我最亲爱的人呢？难道只是因为她会一次又一次地原谅我、搂紧我吗？

　　"姥姥，对不起。"我低着头，扑进了姥姥的怀抱。

奶奶的照片

江　波

　　放学回家，无意中翻开相册，看到奶奶的一张照片。

　　那是奶奶八十大寿时在杨浦大桥上拍的纪念照。

奶奶上身穿一件雪白的衬衫，外面套着鲜红的羊毛衫，下身着一条深蓝色的长裤，显得既年轻又神气。

奶奶背后是气势宏伟的杨浦大桥。这是世界上跨度最大的一座斜拉索桥。奶奶站在桥上，桥下是上海人民的母亲河——黄浦江。江上，一片繁忙，万吨轮、驳船、木船，来往穿梭，络绎不绝。奶奶左手扶着大桥的栏杆，右手拎着一个黑色的小包，双眼眺望着远方。她看见，江两岸拔地而起的高楼大厦，郁郁葱葱的花草树木；她看见，外滩大道，南来北往的汽车川流不息，人行道上，行人摩肩接踵，热闹非凡。看着，看着，奶奶的脸上露出了微笑，笑容让她脸上的皱纹更灿烂……

这是奶奶生前的最后一张照片，我非常珍爱这张照片。

坚强的姥姥

程诗雨

在我们家，我最佩服的人是我的姥姥，因为她最坚强，是我的好榜样。

前些天，姥姥一直感觉肚子疼，去医院一检查，发现是患上了胆结石，需要住院治疗。我们一家人都被吓得不轻，可再看姥姥，一点儿事情没有。她天天在后院锻炼，跑步时，病痛让她难忍，但她只是皱皱眉头。当你走进病房时，其他病人的脸会露出痛苦或者绝望的神情，但姥姥总是微笑着，她根本不把病魔放在眼里，有时打完针，姥姥还拿出纸画画呢！

过了几天，医生宣布要为姥姥做大手术。我对手术最敏感，一听见这两个字就浑身打寒战。没料到，姥姥竟然一点儿也不怕，反而还说："没事，做完手术后就没事了。"几天后，手术开始了，我站在门外听见放镊子和刀片的声音，吓得我闭上眼睛。妈妈双手一合，不停祈祷着。手术室门开了，推车里躺着姥姥，我连忙跑上去问："疼吗，姥姥？""不疼，挺好的。"姥姥答道。几个星期后，姥姥健康地出院了。出院时，姥姥还为自己康复而跳舞呢。

小　插　曲

李亚凝

099

每个人都会有几个最要好的朋友，而产生的感情便是那种温润如玉的友情。它如一条长河，流在我的心里，时而波澜起伏，又时而平缓细腻……

记得有一次，我和乐琪只是因为板报的布置产生了一定的分歧，便吵了起来。班里的同学们都知道我们两个是班上无话不说、数一数二的好闺密，看到这个场景，同学们全以为我们只是好姐妹间的小吵嘴，便没有说什么，可谁又知道，我们就这样冷战了十多天。

十多天后，我们渐渐习惯了没有对方。可突然，又想了起来。我走到她身边，对她悄悄说了一句"对不起"便迅速跑开，害羞地回到座位上。不一会儿，乐琪向我走过来，给了我一张纸条，上面写着：

"我们和好吧。"也许，这就是友情的伟大力量吧！

一阵风吹过，阳光暖暖地洒了下来，回忆，又停留在了2016年，我最后的一个儿童节上……

那天，雨一直在下，却没有浇灭我与乐琪那一颗童心。

我们一路上有说有笑，手挽着手，一起走进了商场。

乐琪拉着我快步走进了电影院，我看了一部电影，也许是触景生情吧，那不争气的眼泪又一下子流了下来。

之后，我们看完了电影又去吃了饭，接着，我们又去了一家装饰店，乐琪说要自己去看看，可谁知道她却自己给我买了一个礼物，让我惊喜不已。

友情，就是一片大海，而波浪，便是小插曲。

100

友　情

王欣烨

莎士比亚曾说过："有很多良友，胜于有很多财富。"尽管我与朋友的友谊不像伯牙与钟子期那样百世流芳，不像刘禹锡与柳宗元那样口口相传。但每一段友情，都将成为我的一笔宝藏。

小学的时候我有写日记的习惯，有一次写完日记随手将日记本放在桌子上就去吃晚饭。然而等我吃完饭回来，却发现一个男同学在与另一个同学窃窃私语，眼神还有意无意地掠过我。好朋友愤愤不平地说："他趁你不在，偷看了你的日记！"

我心中顿时火起，日记明明是我的隐私，怎么可以成为他人茶余饭后的笑柄！看着那四仰八叉翻开的日记本，我恼羞成怒，更恨自己没有收拾好自己的物品。当即我便把写过日记的纸撕下，日记本上的线圈也坏了，我顾不了那么多，冲向厕所，将纸撕得粉碎。

　　等我回到教室，我竟发现桌上狼藉的一幕消失了，不用说，我向好友投去一个感激的眼光，她也用微笑回应我，我心里感觉好多了，但当天晚上，她身子不舒服，便请假回家了。怀着对她的感激，我度过了一夜。

　　第二天，好友来得很早。等我到教室，发现了一本笔记本，仔细一看，这不是我的日记本吗？不过装订它的不是线圈而是几根毛线。正疑惑间，好友来到我的座位，对我说："昨天我把坏掉的本子拿回家了，线圈已经坏了，我就用毛线穿过这些小孔重新装订好了，你就不要生气了。"一瞬间，我的心被各种各样复杂的情绪填满，连说出来的"谢谢你"都是颤抖的。

　　不止感激，还有震惊。连偷看我日记的同学都没来道歉，她便努力地做令我开心的事，如此体贴人的朋友多么难求啊！而且，她回家的原因不是因为身子不舒服，而是要为我修日记本！想到那么小的孔，还要用毛线穿过，实在是高难度的事啊！看着朋友略布血丝的眼睛，不觉间，泪水充盈眼眶。

　　友情，是不计代价和回报的，要对朋友付出真情，才能收获真心。友情，真是世界上最宝贵最奇妙的东西啊！

101

童年的小伙伴

王　潞

想起我的好伙伴晓晓，我心里就有股又酸又甜的感觉。晓晓同我年龄相仿，个子矮矮的，家庭不富裕。

下午，妈妈让晓晓带我去看水牛，我抱着心爱的布娃娃，不太高兴地去了。到了牛棚，我见晓晓抱出一大堆干草，拉着一头大水牛从牛棚出来了。晓晓还是没说话，只对我微微笑了一下，脸涨红了。我问："你叫什么？""晓晓。你呢？""我叫柯卿，你叫我卿卿吧！"她把牵牛的绳子套在一块石头上，把草放下让牛吃。我俩坐了下来，谈起了学习。"卿卿，你今年考了多少？""语文、数学都是九十七分，英语九十五分。你呢？"晓晓把嘴张得可以塞下一个鸡蛋："你们有英语？""是呀，你们没有？""我们没有。"晓晓停了停，看着水牛，又看看田地，半晌，才回过头来，眼睛红红的，忽然变了话题："你的娃娃真漂亮，能给我抱抱吗？"我看了看她的手——像煤块一样黑！再看看我的娃娃，粉红的裙子干干净净。我有点儿舍不得，犹豫了好一会儿。"不借就算了嘛！我知道我脏，没你干净，没你漂亮！但……"晓晓眼里满是泪，她眨了眨眼，说："但我语文九十八分，数学一百分呀！呜呜——"晓晓忍不住了，双手搭在膝盖上，哭了起来。我一见，马上把娃娃塞在她手里，她伸出右手一推，"嗖"地跑了。

"牛、牛——怎么办？"我在她身后大喊，见她没反应，心里酸溜溜的，也跟了过去。只见她在池塘边坐着，眼直直地盯着水面，闪着泪光。我把娃娃递过去："给，对不起，别哭了，你比我脏，但你比我优秀，送给你玩吧！"她半天才转过脸来，不好意思地笑了。她接过娃娃，小心地玩弄着。我说："你喜欢吗？她还有一条裙子！"说着我从背包里取出一件漂亮的小裙子，塞在她手里。"还有发夹！"我又把发夹塞了过去。她一愣，说："这是你的呀！""送给你！喜欢吗？"她涨红了脸，说："谢谢！"

时间飞逝，转眼间过了一年了，我又想起童年的小伙伴晓晓，我能再和她一起玩玩吗？

友情如歌

应明臣

又是一个阴雨连绵的夏夜，我感叹时光的飞逝，而你的一个眼神，一个微笑，一句祝福，却早已深深地烙在我的心底。

还记得刚入小学时，你坐在第一排最左边，我在第一排最右边，虽然我们中间隔了几个座位，但你一下课，就跑到我眼前，旁若无人地大谈，还不时地给我做鬼脸，上课铃一响，便无奈地跑回自己的座位。就这样，我们在天真无邪、平平淡淡中度过了两年。

三年级，老师调座位，我和你有幸成了同桌，我们就更加熟悉了。

　　不记得我们从何时成为好朋友了，只记得每节上课，你总是拉我的左胳膊，生怕我又打瞌睡，注意力不集中。有一次还被老师发现，结果我俩被罚站。而你站着却似乎很高兴，后来还说，站着听讲效果好……也只记得每次考试后，你从不过问我的情况，只是用鼓励的眼神，微笑着对我说："一次考试算不了什么，我们再努力，下次一定会考好的。"谁又能想到，其实你早已偷偷看过我低分的试卷了。也记得我们每次值日，你总是比我先到教室，而且早已把地扫得干干净净，当我不好意思时，你又以我家离学校远为由，用安慰的口气叫我安心听课。渐渐的，我知道，我们友情的种子已经生根、发芽了。

　　直到有一天，你上课迟到了，平时爱说爱笑的你，没说一句话。课间，你告诉我，你爸爸妈妈离婚了，你要跟你妈妈去外地了。还叮嘱我，不要忘了你，要给你写信。当时，我不知道说什么，心里一片空白，还想着等回家后，写上祝福的话，再画一幅画送给你。谁又会想到，就在那个中午，你妈妈带你离开了我们那个熟悉的校园，那个充满欢乐的教室。望着你和你妈妈远去的背影，胆小、害羞的我，也没有勇气问你们去哪儿。

　　转眼间，我已是五年级的一名学生了，我经常会想起我们的点点滴滴，是你让我知道了友情的真谛。我想叠一个纸飞机，写上我最深的祝福，祝你一切安好！让天上的彩云带去我轻轻的问候："同桌，我的朋友，你现在还好吗？"

我 的 爸 爸

王 涛

每个人都有一位慈爱的父亲，我也不例外。

爸爸有一对浓黑的眉毛，下面是一双炯炯有神的眼睛，它们每时每刻都在"监视"着我。爸爸经常穿着一件黑色大衣，在家里转来转去，不知在思考什么。

有一段时间，我总是看不到爸爸的身影，于是问妈妈，这才知道爸爸是为了养家糊口，在加油站上夜班。一次，我在睡梦中隐隐约约听见爸爸和妈妈的对话。妈妈说："这个月结束了就不要再上夜班了，这样下去对身体不好。"爸爸说："哎，还不是为了供养这两个孩子。"听后我的心里像打翻了五味瓶一样，我还听见姐姐在被窝里抽泣。

一个中午，爸爸刚回家，接了一个电话，转身就走。我喊了一声"爸爸"，他转过身来犹豫不决地看着我。我大喊道："爸爸，别出去了！"说着大滴大滴的泪水从眼里流了出来。但是最后爸爸还是出去了。

我的爸爸是家里的"顶梁柱"，他拼尽全力地在支撑着我们的家。

我爱我的爸爸。

酷爱摄影的爸爸

华诗宜

照片能包罗万象，你可以在欣赏它的同时游遍大江南北，可以把难忘的一瞬间保留下来。摄影的魅力诱惑着老爸，因此，老爸成了一个十足的摄影迷。

老爸的摄影装备虽算不上是很多，但也不少了，有夏普摄影机、三星数码照相机，还有一些我叫不上名的宝贝。一有空，老爸就带着他的宝贝投入大千世界。

老爸最喜欢拍风景照。春天，他去张家界，拍山峰；夏天，又往青海跑，拍鸟儿；秋天，又去了江西，拍天鹅；就是冬天他也不闲着，去天津。就说前几个礼拜吧，他去了一趟浙江杭州，一路上不论是杭州西湖还是杭州的乡村，他都不放过。这一拍，竟用了十多卷胶卷，冲出来一看，发现拍得还真不赖。你看，大雾弥漫的乡村早晨是那么宁静，宽广无边的田地，横卧在远处的群山，倚山而建的村落，在浓雾中依稀可见，农民驾着马车行驶在窄窄的乡间小路上。

每当老爸在照片堆中找到中意的作品，他就兴冲冲地到照相馆把照片放大，再做一个合适、精致的相框，然后挂在客厅或书房里。要是谁弄坏了它，老爸保证要发火。吃过晚饭后，老爸总会来到客厅，歪着头，双手抱臂，目不转睛地盯着作品看好半天，一副自我陶醉的样子。

　　老爸最欣赏的一张照片，是去年五月份在内蒙古辽阔的大草原上拍的，那可费了他好大的工夫。那天老爸为了拍照，清晨5点就起床了，这对平时喜欢睡懒觉的他来说，可不简单。他先开着车在草原上东挑西选，确定好最佳地点，然后细心地调整镜头，精心拍摄下这张照片。这张照片我也非常喜欢，早就把它原原本本地"复制"在我的脑海里：那是一个春天的早晨，绿油油的大草原，茫茫无边，绿毯铺地，牛羊成群，天真的小牧童，横坐在牛背上……碧蓝的空中，软绵绵的白云在四处飘荡，有的像马，有的像羊……

　　在老爸的相册中，有鄱阳湖的天鹅，有杭州的西湖，有张家界的天子峰，有青海湖鸟岛的候鸟……这些都是老爸热爱生活、酷爱摄影的真实写照。

107

球迷老爸

洪　雨

　　我老爸是个铁杆球迷，只要有球看，买菜、做饭、接我放学之类的事情全都不会管的，简直是"两手不管家务事，一心只想看球赛"。

　　他为了看球宁愿牺牲自己的休息时间，甘当"夜猫子"。

　　去年，意大利甲级足球联赛好几场都安排在深夜直播，爸爸为了看球，又是调闹钟，又是画赛程时间表，没少折腾。你别说，这招儿还挺灵，连续三场球赛老爸都看上了，乐得他直哼小调。

蒲公英的梦想

我想，这老虎也有打盹儿的时候吧。果然，没过几天，"老虎"打盹儿了，爸爸最欣赏的尤文图斯队对帕尔马队的球赛就在那天晚上2点播出。晚上9点，我和妈妈都睡下了，只剩下爸爸在"挑灯夜战"。我睡得正香，一阵呼噜声却把我吵醒了，起来一看，原来是爸爸困了，躺在沙发上睡着了，还打呼噜呢！真是太好笑了。不过，老天有眼，爸爸总算看上了重播。

还有一次，爸爸特意换班看球赛。我和妈妈一回到家，就让爸爸的"表演"吓得目瞪口呆。只见爸爸穿着泰山队T恤，一手挥舞着国旗，一手拿着大喇叭，嘴里还不停地喊着："爱你一万年，泰山队万岁！"一看老爸这高兴样，就知道泰山队准赢了，又有好事要发生了！

果然，那天晚上，爸爸破例请我们全家去吃烧烤。

108

这就是快乐

刘晓亮

"看，儿子，这是爸爸新买的自行车。"爸爸像一个推销员一样叽里哇啦地介绍自行车的性能，我也就左耳进右耳出，听到最后，终于吐出一句："爸，你教我骑吧。"

"行啊，但是难免磕磕碰碰，你行吗？""男子汉当然行。"于是爸爸将我领到一片空地，指挥道："先坐上去。"我想，这有什么难的？接着爸爸说："两只脚踩在踏板上，双手握紧把手，你试试蹬几脚。"我将脚试探性地将脚蹬往前挪了一点儿，原来骑车这么简单啊，索性用力地蹬着走了。

"小心！"爸爸的警告声刚从身后响起，我立马就摔了个大跟头，自己连同车子一起倒在地上，腿上被磨破了一大块皮。我站了起来，拍了拍身上的尘土，对爸爸说："我没事。"爸爸先是一脸的担心，听到以后便轻松了许多："叫你别冲动，骑车要有耐心，来，我扶着你，一步步来。"我点了点头，准备重新开始。

"我慢慢松手了啊！"爸爸放开了手，我一下子乱了手脚，"哐当"一声，我又倒了下去……

火辣辣的太阳将滚烫的阳光烙在我的背上，背心已经浸满汗水。一次次的跌倒并没有使我退缩。当爸爸的手慢慢拿开时，我感觉那份力量一直推动着我，并没有停。我终于成功了！我大笑着，脸上、胳膊上、腿上的伤好像一下子都好了。

阳光总在风雨后，只要你有一颗不放弃、努力为目标奋斗的心，成功就会离你不远！

幸福的滋味

幸福很简单，幸福也许就是父母给你端上的一杯热牛奶，也许是考试失利老师向你投来一束激励的目光……幸福很高贵，但幸福也很平凡，幸福有着各种滋味。

细雨中的温情

李道然

雨是冷的，情是暖的。凉凉的雨打在他们的身上，却绽放出了美丽的花，射出一道暖暖的光。

黑暗渐渐侵袭到马路的上空，蒙蒙的雾气和着路灯黄晕的光，漫天飘洒着。一颗颗"豆粒"从天而降，穿过微黄的灯光洒在地上，路旁的花儿低下了高傲的头，行人们加快脚步，各自走向不同的路。

穿过那条熙熙攘攘热闹的街道，我背着书包撑着伞向车站走去，身旁走过一对母子，孩子说："妈妈，我肚子饿了，想吃鸡腿……"话音未落，他的母亲就毫不犹豫地掏出钱包，给孩子买了。我看着他们，心满意足地走了。

远处昏黄的路灯下出现了一辆没有棚顶的破旧的三轮车，车上的油漆褪得只剩下生了锈的钢管，一根根脆弱地连接着，车上有一些发黑的编织袋。破旧的瓶子、用过的包装袋林林总总地堆在车上，车斗里还坐着一位七十出头的老人，而骑车的竟是一个还不到十岁的小男孩儿！我不敢相信这是真的，眨了眨眼睛，看到了现实：的确，男孩儿骑着三轮车载着老人，他的脚很用力地蹬着，在拐弯的地方，车子不听使唤停在原地一动不动。男孩儿很着急，依旧咬着嘴唇，用尽全力踩着踏板。雨点一滴滴地打在了他和老人的头发上、肩上……男孩儿不停地回头望着老人，还喃喃地说着什么，只看见老人摇了摇头。过了一会儿，男孩儿下车拿起一个大编织袋盖在老人的头上，细心地为老人遮住身体，然后飞快地上车，用力地蹬着车子……他的全身已经湿透，可他却浑然不觉。

看着他们，我的世界都静止了，直到男孩儿终于将车子骑上坡，一切又开始重新运行……

我看到男孩儿笑了，那笑容像春天刚刚从土里钻出的小草，是那么天真，那么灿烂。细细的雨点打在他们身上，绽放出一朵冬天里美丽的红梅，那样耀眼，那样迷人。老人又将编织袋盖到男孩儿头顶，两个人的身影渐渐地消失在了下一盏昏黄的路灯里……

雨中交响曲

涂继琛

沙沙沙，沙沙沙，空中刮起了一阵风，树叶被吹得轻摇起来，乌云也慢慢地跑了过来。天，怕是快要下雨了吧。

风，慢慢地刮大了，呼呼呼，呼呼呼，树上的叶子猛烈地摇晃起来，路上的行人也纷纷抬头，一看天上乌云密布，吵嚷着，便要跑回家躲雨。天渐渐暗了下来，只有几只鸟从树上飞了下来，叽叽喳喳地催促着同伴赶紧回巢。

轰隆隆，一道闪电从天空中劈下来，吓了我一大跳。风刮得更猛了，呼呼呼，呼呼呼，仿佛整棵大树都在颤抖，风越刮越大，呼呼呼，呼呼呼。突然的，世界静了下来，风，一瞬间不吹了，整个世界都陷入死一般的沉寂。我知道，这就是大雨爆发前的征兆。

又很突然的，"哗——"终于爆发了，像一个人积累了很久的怨恨，都发泄出来了一般。雨下得很大，好大的雨点从天空中跌落，使劲地砸在地上、窗棂上、树上、草上，像一首摇滚乐。

我禁不住大雨的诱惑，冲出家门，奔向雨的世界。我在雨里奔跑着、跳跃着，每遇到一个水坑，我都会并拢双脚使劲地踏进去，溅出来的雨花，弄湿了我的裤腿，还有的竟然溅到了我的脸上，但这让我更加兴奋，乐此不疲。每当我双脚踏进雨坑，它便会发出"啪"的声响，异常清脆。这声响，像在为雨的摇滚乐打着节拍，变得更好听了。

渐渐的，雨下小了，雨滴滴落在树叶上的响声也轻柔了许多，慢慢地，声音也从摇滚乐变成了优美的小夜曲，雨蒙蒙地下着，像细细密密的银丝从天上垂下来。雨雾笼罩的大地，像给世界蒙上了一层神秘的面纱。

我不想阻止它们的造访，也无法阻止它们的进入，由它们去吧。让这世界上的千万种声音融为一体，让我也变成雨的一部分，让自己湿润的同时，也湿润世界。

双 人 床

张焓琳

我一直不喜欢我的双人床。

它好旧噢！在我两三岁时，我就睡在这张床上了。当时我们家还挤在一个十几平方的小屋子里，我和爸爸妈妈都睡在上面。后来搬了家，家里变得很大，又添置了两张新床，这旧床就归我所有了。它几乎和我一样大了，也许是年份有些久了，它总是咯吱咯吱地响，听起来真讨厌。它又那么大，躺在床上，总觉得空荡荡的。

终于，爸爸说，要把双人床换掉，换成那种我梦寐以求的上下床。于是我特别热心地去寻找，最后终于选定，下了订单。新床来了我家，爸爸商量着要把旧床搬回乡下去，他把双人床一块块地解体，摞在门外。

我看着我的双人床，忽然有些舍不得它了。它真可爱啊，它陪了我十多年，床头还有我小时候贴上去的贴纸。它看着我长大，见证了我们家的变迁。它忠心耿耿地为我们家服务，等到它不中用时，它的主人却要把它抛弃了，它被分解的木架子好像在哀哀地抽泣，可怜的旧床，它真不幸啊！

双人床最终被运回乡下去了，它就这样离开了我的生活，慢慢的，对童年的联系和追忆也随着掐断了。我想它被关在阴暗的仓库里，只能在灰尘里哀叹自己的命运。尽管它又大又旧又难看，但我突然对它产生了说不清的愧疚和不舍。

现在，我躺在新床上。新床有上下两层，很高大，很结实，连木材都似乎是雪白的。可是，我再也寻不到那份给予我的朴实的温暖，和那些甜蜜的梦。

幸福的滋味

王冰冰

　　幸福很简单，幸福也许就是父母给你端上的一杯热牛奶，也许是考试失利老师向你投来一束激励的目光……幸福很高贵，但幸福也很平凡，幸福有着各种滋味。

　　上了初中后，每天，妈妈总是起得很早。

　　天还没有亮，灰蒙蒙的。那时，我正在熟睡，妈妈就悄无声息地起了床，打开了客厅的灯。

　　我伸展了一下腰，极不情愿地起了床。再将目光投向书桌上，我的作业整齐地摆在那里。显然，妈妈已经检查过我的作业了，我望了一下钟表，才6点钟而已。

　　我轻轻地推开门，慢慢地走出去。妈妈惊讶地望着我："今天怎么起这么早呀，快去再睡一会儿，不然学习就没有精神了。"我说："妈妈，您也要多休息一会儿啊，每天都起这么早，不累吗？"妈妈听了我这番话，很是欣慰地说："我不累。"

　　望着妈妈费力地为我洗衣服，我问："妈妈，家里不是有洗衣机吗，干吗还要用手洗啊？"

　　妈妈笑了："洗衣机能有我洗得干净吗？你看你，平时不注意卫生，这么脏，我只好自己洗啊。"

我不再说什么，默默地离开了。只是回头看时，我看见妈妈弯下腰轻轻地为自己捶背。我突然发现她的额头上有几滴水珠，那大概是汗珠吧！妈妈似乎也发觉了，顺手擦了一下，然后继续在搓衣板上来回地搓着。

已是6点半了，这时，母亲叫喊着："面好了，快来吃面。妈妈特意为你煎了两个荷包蛋，还热了杯牛奶，你快吃。"

这时，我的鼻子感到一点点酸楚。对于我来说，幸福是甜的。

幸福是什么

殷鹏筱

幸福是什么？有人曾经这样问。那么答案又是什么呢？

独自坐在窗边，看着外面的大树，好大，好高。心情格外舒服。不时会看到一丝残阳。我就像一位哲学家，看着窗外，思考人生。突然，妈妈的喊叫声，把我从哲学家带回了稚嫩的小女孩儿。"吃饭了！"妈妈的叫声从来都是这样大。

到了餐桌边，看到了许多好吃的，连手都没洗就大吃特吃了。不过，这只是个开头，不一会儿的工夫，就被妈妈逮去洗手了。洗完后，马上又去狼吞虎咽起来。"嗝"的一声，我打了个饱嗝，把爸爸妈妈都给逗笑了，连自己也忍俊不禁了。坐在椅子上，想起老师布置的作业，幸福是什么？我问爸爸妈妈，爸爸说："现在你幸福吗？"我想了一会儿，"挺幸福啊！"稚嫩的声音从我嘴里说出。"对啊，这就是你的答案！"爸爸看着我说。我左思右想，也搞不懂爸爸说的什么。妈妈说："只要有爱就是幸福。"我彻底不懂了。

时光飞逝，我长大了，也明白了爸爸妈妈所说的话，只要有家的地方就是幸福，而爱，就在家里。童年时和爸爸妈妈的欢声笑语，就是幸福。

幸福不只是体现在家里，大千世界到处都有幸福。

幸福是生病时妈妈递的一杯水，幸福是遇到挫折时别人的一声安慰，幸福是冬日的阳光照在脸上，幸福是……

幸福时刻在我们身边，一直伴随在你身边，或许你不曾在意，但它就像影子似的，跟着你，也像一位天使只有在你快乐或遇到困难时，它才会出现。

就像我和爸爸妈妈一起吃饭，因为我打嗝，全家都笑了，这时温暖快乐的笑容洋溢在我们的脸上。

这就是幸福。

118

爸爸的背影

祝昕宇

当枯黄的秋叶随风摇曳时，深秋飘然而至。窗外，月光下父亲的影子拉得很长，硕大的风衣将瘦骨嶙峋的父亲裹了进去，我的心头一阵酸楚。

那一天，妈妈在学校临时有事要加班，所以我就要跟父亲相处一晚，这是我第一次和父亲独自在家，心中有一些激动，又多了一份忐忑。

父亲知道我爱吃鱼，所以那天早上特地去菜市买了一条大鱼。我回到家时已经6点半了，一天繁重的学习任务使我的心情异常糟糕，心中闷得喘不过气来，又听见父亲唠叨，问这一天我学得怎么样，有什么收获，心中的烦闷按捺不住了，竟冲着父亲喊道："你怎么这样的烦人呀！我的学习你不用管，而且你从来没有真正关心过我的学习！"说完便头也不回地径直走向了房门，"砰"地关上了门。父亲在门外不知所措，不知怎么办才好。此时，没有父亲安慰的我再加上数学测试没考好，心中的委屈伴着泪水流了下来。蹲在门外的父亲听到哭声，着急地问："昕宇呀！别哭呀，你知道爸爸不会安慰人，唉，都是爸爸没用，真没用……"我打开门，抱住父亲，手清楚地摸到父亲后背的骨头，才意识到，家里的"顶梁柱"如此瘦弱，鼻尖酸了起来。被父亲哄着才出去吃饭，我总是自私地往碗里夹着鱼，父亲也无私地往我碗里夹着菜，可是我却没意识到，桌上的两只碗里，一只总是满的，另一只却总是空的。突然，父亲冷不丁地问道："昕宇，今天是不是学习上有困难了？""嗯。""是不是因为这个才发脾气的？""嗯。"此时我心中似乎被刺痛了，望着父亲有些不好意思。"昕宇呀，爸爸虽然只读到了初中，可是我们老师曾经对我们讲过一句话，我现在仍记忆犹新：'不要只贪爱温暖的太阳，更应该去感受风雨，它纯洁了你的灵魂；不要只接受光明，更应该去享受黑夜，它让你看到了星辰；不要只迎接欢乐，更应该去忍受悲伤，因为它升华了你的灵魂。'"其实，成功就是一朵红玫瑰，而针刺便是必不可少的挫折。

119

幸福的滋味

绿 宝 石

苏勃瑞

我家养着一只小猫，毛发是由黄和白这两种颜色组成的，它有闪亮的眼睛、尖尖的耳朵、长长的尾巴和毛茸茸的身体，十分可爱。

最有意思的是它的眼睛，在夜里一闪一闪的，像两颗闪闪发光的绿宝石，有趣极了。

记得有一次，已经很晚了，我家的小猫才回到家。它跑到我身边，肚子里"咕噜噜"地叫，一定是饿坏了。我跑进厨房，拿了一根火腿肠给它吃。出来时，却被两个绿东西吓了一大跳，仔细一看，才知道那是小猫的眼睛。我把火腿放在地上，它赶忙过去，抓住火腿，先用爪子碰一碰，看有没有危险，之后一点儿一点儿地把火腿吃了。吃完后，又用请求的眼神看着我，好像在说："再给我一根吧！"出于无奈，我只好再给它拿了一根。这一次，它没有像上次那样小心，而是三下五除二地解决了，随后又走到我旁边，用头蹭了蹭我的脚。过了一会儿，就回到它的安乐窝去睡觉了。

这就是我家的小猫，我喜欢我的小猫！

蜗　牛

马一诺

　　没有手，没有脚，长着一对小触角，背着一个笨重的房子——它就是蜗牛。

　　有一天早上，我在小院里玩耍。忽然，我在花坛的叶丛中发现了一只蜗牛。

　　它的壳圆圆的，像一个扁扁的足球，一对触角像两根天线，晃来晃去接收着信号。它爬得非常慢，像一个背着旅行包的旅行家，又像一个马拉松比赛的选手，慢慢地、缓缓地往前走，坚持不懈地向着终点爬去。

　　我慢慢地逼近了叶丛，迅速用手把蜗牛捉来，正想仔细看看它的样子，它一下子把身子躲进了壳中，然后一动不动，怕自己被吃掉。不管我怎么摸它、叫它，它都不肯再出来。

　　啊！我爱这蜗牛，它实在是太可爱啦！

121

我家的调皮蛋

李天阳

我的家里有一个调皮蛋，它就是我们家的"大王"——大胖。

大胖是我们家的小胖狗，它有一对尖尖的耳朵，一双圆圆的、黑黑的小眼睛，好像在和葡萄比谁圆。它还有一条毛毛的、卷卷的小尾巴和一个毛茸茸的身体，非常可爱！

它最大、最明显的特点是非常爱吃。它在吃食的时候，总是要过去看一看、闻一闻，然后再碰一下，觉得没有危险了，才会放心地大口大口地把食物吞下去。怎么样？很有意思吧！

大胖高兴时会靠过来抓我的裤子，让我给它挠脖子；不高兴的时候，它会出去一天一夜。它还会看门，每当有陌生人来我家，它就会汪汪叫着，告诉我们，家里来客人了。

我们家的前院有一个花丛，里面有很多漂亮的花，梅花、菊花、野菊等，各式各样，五颜六色，非常美丽。还有许多郁郁葱葱的大树，柳树、银杏树，许多许多。不过大胖一来它们就完蛋了，踩得它们枝折花落，它会抱着花枝荡秋千，还会在花丛中打滚儿。

这就是我们家的大胖，你们大家也来看看吧！

小　黄　鸭

王璧莹

　　"门前大桥下，游过一群鸭，快来快来数一数，二四六七八。"呵呵，没错，我要写的就是在我孤单时陪伴我、在我难过时安慰我的小黄鸭——果果。

　　那一天，我刚刚补完课，突然从我们身旁经过一个卖鸭子的，我凑过去一看，"哇！好可爱呀！""小姑娘，喜欢的话就买一只吧！"那个卖鸭子的老人说。看了看鸭子，我有些心动，因为那些小家伙长得胖乎乎、圆滚滚的，像一个个金黄色的小肉球。在那些像黑米粒般大的眼睛中，都展示出让我买它们的渴望。看了一圈，我开始注意其中一只鸭子，它好像很孤单，不像别的小鸭子一样活泼，在它的眼神中我看出了它的恐惧和伤心。我想，它一定是刚刚离开妈妈有些不适应吧。我非常可怜它，于是就对卖鸭子的老板说："这只鸭子我要了！"

　　回家之后，我给它取了一个好听的名字——果果，还帮它安了一个家，一个有着棉花、小被子、小床的家。我将它放入那个我精心为它打扮的家。

　　我蹲在一旁，看着它的反应，然而它的反应却让我大吃一惊。我原本想它一开始可能有点儿不适应，还想着说没事，慢慢来。可是我刚刚把它放进去，它就开始打滚儿。我非常开心，会心地对它微微一笑。它好像很通灵性，在它的眼睛里我看出了感激，我惊呆了。但是又换个想法一想，这有什么呀！我刚准备离开，它却嘎嘎嘎地叫了起来，我想它一定是饿了，于是端了小米来喂它，它吃得很开心。

以前，爸爸妈妈上班离开家，留下我一个人在家，有些孤单。但是，果果来到我家后，每天都陪着我，我跟它说话、玩耍，每天都很快乐，我也越来越爱它了。

但是，几天后，它生病死了，我非常难过。虽然相处的时间少，但它却让我一直怀念。

仔　仔

王一濛

小时候，我特别害怕狗，每次见到狗我都会吓得瑟瑟发抖。

自从我家养了一只小狗之后，我就开始慢慢勇敢起来，也慢慢喜欢上了狗。

我家的小狗名叫仔仔，它长着一双水汪汪的大眼睛，像两块黑宝石一样，还长着一个可爱的小嘴巴，时不时舔舔我。它浑身上下长满黑色的毛，毛茸茸的，摸上去十分舒服。它的小尾巴也是黑色的，每次见到我，它的尾巴就会像一把小扇子一样，不停地摆动，十分亲热。

它最喜欢吃肉骨头，见到了肉骨头，甚至可以不要命。有一次，

我手里拿着一根肉骨头，它就拼命地追着我，小尾巴摇来摇去，用渴望的眼神看着我，口水都快流出来了。我把骨头给了它，拍拍它的小脑袋说："小淘气，吃慢点儿，卡住了可不太好哦！"仔仔好像可以听明白我说的话一样。吃完了肉骨头，仔仔就想出去玩了，一边咬咬我的裤腿，一边看着门外。没办法，我只好带它出去散步，一出门，仔仔就像疯了一样，兴奋地绕着院子跑好多好多圈，直到最后玩累了，才依依不舍地跟着我回家。

我喜欢我的仔仔。

点　　点

刘雨函

点点是表姐家的一只小狗，它长相可爱，也十分调皮。

它有一身黑白相间的毛发，一对尖尖的耳朵，一双水灵灵的大眼睛，一颗小黑豆似的鼻子，小巧玲珑的嘴巴长得真可爱，它非常贪玩，如果要出去玩玩，就会出走一天一夜。

有一次，表姐约我去郊游。那天正好是个星期六，我和表姐来到郊外。这里绿树成荫，鲜花盛开，好美丽的风景啊。我刚想坐下好好欣赏一下，点点却跑到我的身边，拿它的小脑袋蹭我。我低头一看，点点的嘴里还叼着一个毛线球。表姐笑着说："点点想和你一起玩抛球的游戏。"我从点点的嘴里拿出了球，点点马上兴奋地跳来跳去，眼睛一眨都不眨地盯着我手里的球。我使劲把球扔了出去，点点

"嗖"地一下就冲了出去，球刚落地，点点就已经一口咬住了，然后一蹦一蹦地朝我跑了过来，把球交给我，汪汪地叫着，好像在说："我把球捡回来了，看我棒不棒啊？"

玩了一会儿，我的肚子咕咕地唱起歌来，表姐拿出了提前准备好的美食，点点在周围跳来跳去，一不小心，一下跳到了餐布上，打翻了好多好吃的。点点像个做错事的孩子，呜呜地低声叫着，好像在请求我们原谅。哈哈，它可真淘气呀。

这就是我表姐家的小狗点点，我也好想养这么一只可爱、淘气、贪玩的小狗。

小狗收留记

张馨文

放学回家的路上，我突然看见一个小男孩儿用石头捉弄一只可怜的流浪狗。这只小狗满身是伤，右腿都已经瘸了。我看见小男孩儿那样捉弄它，心里很不是滋味，于是我走上前去，趁这小男孩儿没注意，将小狗抱回了家。

回到家里，我就抱着它，给爸爸妈妈看。谁知他们一见这只小狗，齐声说道："去去去，太脏了，我们可不养活它。"我生气地说："我不管，我就要养它，它太可怜了。"于是我就躺在地上，哇哇大哭。"不行就是不行，这狗太脏了，家里不能养。"我只好暂时把它放到了院子里。

第二天一大早，我早早起来，又是打水，又是找盆——妈妈不是嫌弃小狗脏吗？我给小狗洗个澡，干干净净的，看妈妈还怎么说。我把小狗抱进盆子里，给它洗澡。它欢快地叫着，不管盆里的水干净不干净，津津有味地喝起了洗澡水。我用水把小狗淋湿，然后挤了我最喜欢的洗发水，揉啊揉，揉出好多好多泡泡，洗澡盆成了泡泡的海洋。最后，我端来另一盆清水，仔细地将小狗冲洗干净，小狗打了个喷嚏，又使劲地抖了抖身上的水，溅了我一身，逗得我哈哈大笑。

我把狗再次抱到妈妈面前，妈妈看着香喷喷的小狗说："看在你这么用心的分儿上，我就勉强同意吧。"听到妈妈松了口，我高兴得一蹦三尺高。

小朋友们，我们一定要做一个爱护动物的孩子，动物是我们最好的朋友，所以请不要伤害我们的朋友。

我家有只"棒棒糖"

崔家铭

今天，我高高兴兴地从学校出来，在路上，我看见了一只流浪小狗。它有一双炯炯有神的眼睛，一只红色的小鼻子，长长的尾巴一摇一摇的，真可爱，让我一下子喜欢上了它。我眼睛一亮，不如把它带回家吧！

我知道妈妈、奶奶他们都不喜欢动物，所以我让小狗跟在我后面，不让他们发现。奶奶正在客厅里边看电视边嗑瓜子，全神贯注的她一点儿都没有发现我，妈妈正在厨房做饭，哈哈，我正暗自高兴可以把小狗悄悄带回我的房间时，一股香香的肉味钻进了小狗的鼻子，小狗跑进了厨房，"汪汪"地冲着妈妈叫。妈妈吓得大叫了一声，爸爸、爷爷、奶奶都放下了手中的活，跑到厨房来。我对妈妈解释说："这是我捡回来的小狗，你看多可爱啊！我想养它。"妈妈坚决地摇着头，一点儿商量的余地都没有："街上的流浪狗很不卫生的，每天都在垃圾堆里生活，赶紧把它拿下去丢了！"爷爷和奶奶也异口同声地附和道："赶紧把它丢掉，家里不能养狗！"

只有爸爸最懂我，他看着我渴望的眼神，低下身子把小狗抱了出来，在院子里把它冲洗得干干净净，又带着它去宠物医院打了一针疫苗，把它带回了家。一只可爱又机灵的小狗出现在妈妈面前，妈妈他们看到这样好看的小狗，终于同意让小狗留下来了。

那只小狗成了我的好朋友，对了，我还给它取了个名字——棒棒糖。

帮 倒 忙

邓朵朵

今天是星期天，爸爸妈妈去商场买衣服，我决定抓住这个机会锻炼一下自己，我该干些什么呢？

我来到厨房，看到早上吃完饭的碗筷还堆在那里，脏兮兮的。我决定先洗碗，我学着平时妈妈的样子，把洗洁精挤到洗碗布上，搓起了很多泡沫，然后拿起盘子，使劲擦起来。"啪！"盘子摔在地上打碎了，这可不怪我，是盘子太滑了！我又拿起一个碗，"啪！"又摔了个稀巴烂。吓得我赶紧从厨房跑了出来，洗碗真不是那么容易呀。

真倒霉，我还是去打扫自己的房间吧。早上我忘叠被子了，床上有两条被子，一条是给我盖的，另一条给我的小熊布娃娃盖。被子叠好了。我想试试我的"大力神功"，一次把两条被子叠在一起，放入柜子里。呀！我的"大力神功"似乎也发挥不了作用了，柜子里其他的被子也被我压倒弄乱了，好几条厚厚的被子掉了出来。我实在没力气把这么多被子再放回去，也懒得收拾，那就让它们掉在地上，等着妈妈回来收拾吧。

我要去打扫卫生间，这下一定要小心点儿，可别再帮倒忙了。我先去摆放牙刷，牙刷摆放好之后，又去刷马桶，我左刷刷，右刷刷，并且嘴里还念着口号。虽然我越刷越开心，但是把水花弄得飞了起来，水像小河一样在地上流淌，我却看都不看一眼，直接走了出去。

我想，真是什么都干不了，我还是干点儿自己最擅长的——去找小伙伴玩吧，于是，我迈着轻盈的步伐，下楼去玩耍了。

不久，爸爸妈妈回来了，看到家里这副模样，还以为家里进来坏人了呢。妈妈问我："朵朵，家里怎么乱成这样啊？"我假装难过地说："对不起，我只是想帮你们打扫一下家而已，不过……不过越打扫越乱。""哈哈，朵朵想干活是对的，不过应该干力所能及的活，不要再给爸爸妈妈帮倒忙了。"爸爸妈妈异口同声地说，调皮的我开心地笑了。

小 帮 手

王一齐

今天是星期天，爸爸妈妈不在家，我决定抓住这个机会，帮妈妈打扫卫生。

于是，我准备从打扫我自己的房间开始。我把散落在地上的玩具捡起来，放进箱子里。然后又将脏兮兮的衣服放进洗衣机里，把干净的衣服叠起来放进衣柜里。接着，我又把书柜里的书拿出来，把书柜擦干净，将大大小小的书按顺序摆放整齐。最后，我把所有的废纸全部扔进了垃圾桶里。当我正准备走出房门的时候，看到地上灰尘比较多，又用拖把将房间拖了一遍。终于，房间被我打扫干净了。

晚上，妈妈回到家，看到被我打扫得干干净净的房间，她开心地笑着对我说："我的孩子长大了，知道妈妈很辛苦，懂得关心妈妈了。"

"妈妈，我虽然长大了，但是，还总是一直缠着您，我以后会改的，相信我吧。"我开心地说道。

晚上，当我躺在床上时，脑海中不断回想起今天发生的事情，我很满意自己今天的行为，心里十分高兴。我决定以后要做爸爸妈妈称职的小帮手。

爸爸妈妈笑了

黑晨曦

今天是星期天，爸爸妈妈不在家。我正在沙发上坐着看电视，突然想到爸爸妈妈回来如果发现家里脏兮兮的，肯定会打扫。为了减轻他们的负担，我开始打扫起来。

走进我的房间，我看到床上堆着一些没洗过的衣服，就拿盆子把它们都装了进去，端到卫生间，放在地上。"哗哗哗……"一阵水流声响起来，像美妙的音乐。

我拿起洗衣液，一按，掉地上了。我赶紧拿起拖把拖地，再把水龙头打开，把拖把洗干净之后放在了地上。"唰唰唰……"我快速地洗完了衣服，进了爸爸妈妈的房间。

我看到地上有些脏，便拿起扫帚开始扫地，把纸团扫进了垃圾桶里。接下来我拿起拖把，把地板给拖干净了，累得我满头大汗。扑到床上刚要休息一会儿，突然发现有几件衣服还乱糟糟地摆在那里。我又叠起衣服来，叠得非常整齐。

终于把家里打扫完了，这时，我听到钥匙开门的声音，一定是爸爸妈妈回来了。我赶忙跑回自己的房间，假装在床上睡觉。爸爸妈妈进门了，我隐隐约约地听到他们笑了，那笑声，都是幸福的味道。

幸福的滋味

那一刻，我们心近了

张雪茹

放学回家，刚刚坐在电脑前，就传来妈妈的唠叨："别看电脑了，看看你月考是什么名次……"面对妈妈的唠叨，我实在无法忍受。

母亲节的那一天，老师给我们布置了一道特别的作业——为妈妈捶一次背。

晚上回到家，看到妈妈，我问妈妈："您知道今天是什么日子吗？"妈妈说："是什么日子啊？"我说："今天是母亲节，妈妈我为您准备了特殊的礼物。"妈妈说："是什么礼物啊？""妈妈您过来坐下，我的特殊礼物就是为您捶一次背。"

我一边帮妈妈捶背，一边想起了妈妈疲惫不堪的样子，即便是这样，她依然强打精神为我洗衣、做饭……我的眼泪不知不觉就落了下来，我对妈妈说："妈妈，对不起，平时我不理解您的辛苦，经常跟您发脾气……"妈妈转过头，微笑着说："妈妈不怪你，妈知道你是好孩子。不过，你以后还是要好好学习，多努力一些……"妈妈又开始唠叨了，可是这一次，却让我体会到了从未有的温暖。

那一刻，我懂了，懂了妈妈是世界上最无私的人，心里永远想着子女，唯独没有自己，她能包容子女的所作所为。从那一刻起，我们心近了。

妈 妈 的 爱

梁琪琪

从小到大被感动过多少次，有因受别人恩惠而感动，有因受别人帮助而感动，却从未因母亲那深深的爱而感动。而那一次，我真的很感动。

记得刚转学，尽管处处都很陌生，但令我温馨的是有妈妈陪在我身边。去宿舍的时候，妈妈攀上爬下地帮我铺床，我站在一旁，一边生气一边埋怨地说："这宿舍多潮呀，墙上还掉脏东西，我的被子不脏才怪。"这时候，再回头看看正在铺床的妈妈已经没影了。顿时，我感到一丝后悔，心里想："妈妈一定是生气了，她回家了，竟然回家了……"

当我正坐在床铺发呆的时候，一回头，看见了满头大汗的妈妈，手里捧着一大堆物品，气喘吁吁地说："这些都是些隔潮隔脏的东西。"原来妈妈是跑去超市给我买需要的东西。

我接过妈妈手中的东西，然后抱着妈妈大哭起来……

我想成为小鸟

王瑞娟

亲爱的妈妈，我有好多话想对您说，可又不知道从何说起。

蓝天是那么晴朗，小鸟在欢快地唱着歌，柳枝跟随微风翩翩起舞，我垂头丧气地走在回家的路上，一想到多如山的作业和妈妈可怕的苦瓜脸，身体不禁打了个哆嗦。妈妈，我想对您说："给我多一点儿自由吧！"

每天放学回家，我就飞快地开始写作业，手麻了、眼困了、胳膊酸了，可看看书桌上还有那么多作业没完成，心里又气愤又烦躁。突然，听到一声大喊："快来吃饭！"原来是您做好饭了。我来到餐桌前，狼吞虎咽地吃了起来，这时您说："要多吃菜，不能挑食，不然会长不高的。"您就像一个复读机，整天唠叨个没完没了，写作业唠叨也就算了，可是您连吃饭的时候都不让我清净一会儿，都快把我烦死了。

我知道您这么做是为我好，可是，我有我自己的目标，我会努力完成它。所以，妈妈，给我点儿自由吧！我想当一只快乐的小小鸟。

给母亲大人的一封信

闫津旭

亲爱的妈妈：

您好！

今天我想写一封信给您，有些话我不好意思说出口，所以我就想到了写信这个最简单的方法来诉说我的痛楚。

我第一个要说的是您的口头禅。无论说什么您都会说："知道了没有？"

每天准备去上学，您总会一直不停地唠叨："书写要整齐，知道了没有？""上课时要认真听讲，知道了没有？""放学后早点儿回家，知道了没有？"……面对这种情况，我只能连忙点头答应。

老妈，我不再是个小孩子了，我也不是一个爱哭爱闹的小朋友了，现在我已经是一个堂堂正正的男子汉了，我经常在数学课上举手发言，上课也在认真听讲，每天作业也能按时完成。

第二，请不要约束我的自由。

每次回家吃完饭，您不给我休息时间，反而说："快去写完作业才能休息。""可是我的作业写完了啊！""那……那不行，我给你买了那么多学习资料你做了吗？快去写。"我只好低着头乖乖地去写习题，写完已经10点多了，我对您说："这下我能玩一会儿了吧？我需要休息。"可您却回答："睡觉就是最好的休息。"我只能乖乖地去睡觉。

　　妈妈，我知道您做的一切都是为了我好，但请尊重一下我的选择，我也需要我的自由空间。

您的儿子：津旭

136

她改变了我

　　前桌的女同学，长长的头发，用一根红绸带梳了一条"马尾巴"，回答完问题后，"马尾巴"一甩，神气地坐了下来，接着又是老师的表扬。哼，臭美！

爸爸的笑

孙嘉乾

我的爸爸很爱笑，他好像从来都没有什么烦心事。可是，最近一段时间，爸爸脸上的笑容少了很多，这是因为我的数学成绩怎么都上不去。我很内疚，我想：一定要想办法提高数学成绩，让笑容重新回到爸爸脸上。

我向老师请教，老师告诉我，想提高数学成绩，其实很简单。数学题要多算、多写、多练，见识的题型要广。见的题型多了，练习多了，自然就熟能生巧，数学成绩就可以提高。

于是，我用零花钱买了一本数学练习题，课余时间都在做题。开始，我做一页数学题要两三个小时，而且错的很多。但是我并不气馁，更加刻苦了。一个多月之后，我做一页数学题十分钟都不到就做完了，而且最多也就错几道。

我开始期待下一次的考试，我一定要让数学成绩有提高，让爸爸重新笑起来。

几天后，老师宣布，学校要期中考试了。检验我的时候到了！

开始考试了，我静下心来认真地算，认真地写。开始，题都比较容易，写到背面时，我发现题很难！但是，这些题我全都见过，并且做过了无数次。这正应验了老师告诉我的学好数学的秘诀：见识的题面广，就可以熟能生巧。我像是一位久经沙场的将军，在考场上奋勇抗战。答完试卷，居然还有很多时间，我仔仔细细地检查了两遍，确保万无一失。

第二天，试卷发下来了，我看到了我理想的分数：一百分。

我迫不及待地回到家，把试卷递给爸爸——爸爸的脸上又露出了灿烂的笑容。

爸爸的眼睛

贾邴尧

我的爸爸有一双炯炯有神的眼睛，他时常注视着我，给我力量。

爸爸的眼睛让我感到勇敢。

上次我和同学一起学习骑车，我摔了好几跤，疼得我眼泪直掉。爸爸跑过来，温柔地看着我，问我："痛吗？"我说："不痛。"爸爸鼓励我说："不痛就加油，爸爸相信你！"看着爸爸的眼睛，我全身有了动力，爬起来继续坚持，终于学会了。

爸爸的眼睛，让我感到自信。

一次作文考试，我获奖了，作文题目是《父爱，父爱，多么伟大》。老师让我到讲台上给大家朗读。胆小的我站在台上，一句话都不敢说，忽然，我看见爸爸在窗外，他的眼神里充满了浓浓的爱，我顿时充满了信心，爸爸的眼睛给了我自信。

爸爸的眼睛，让我学会了坚强。

　　有一次，我和爸爸妈妈去爬山，我爬在半山腰觉得太累了，不想爬了，就耍赖坐在路边不走。这时，爸爸走到我身边，拉着我的手，眼神中充满了期待。爸爸说："爬山其实就像人生，累的时候可以适当休息一下，但是不应该放弃，要坚持走下去！我相信你一定能坚持到底。"爸爸的鼓励，使我有了力量，连续爬了二十分钟后终于爬上了山顶。

　　我爱我的好爸爸。

别人眼中的爸爸

高紫涵

　　在我的眼中，爸爸是勇敢的战士，是无所不能的英雄……但是在别人的眼中，爸爸又是什么样子呢？

　　妈妈眼中的爸爸是善良的。这是因为妈妈刚认识爸爸的时候，爸爸正在公园里放生一只小鸟，那是一只受伤的小鸟，爸爸帮它养好了伤，又放它飞回自己的家。不仅如此，爸爸经常会热心帮助有需要的人，帮别人做了很多很多的好事。

　　奶奶眼中的爸爸是孩子气的。这是因为爸爸在奶奶面前就像长不大的孩子，经常跟奶奶开玩笑，有时候还会跟奶奶撒娇。记得有一次，爸爸带着我们一家去果园摘果子，红彤彤的苹果真好吃，爸爸拿着苹果喂给奶奶吃，然后又非让奶奶喂，弄得奶奶哭笑不得。

　　我眼中的爸爸是一位勇敢的英雄。一个下雪天，放学了，所有的同学都被他们的爸爸妈妈接走了，只有我没有。我在那寒冷的教室中苦苦等待着爸爸过来接我，十分钟过去了，二十分钟过去了……突然，一个黑影走进了教室，他是爸爸！爸爸一把就抱起了我，把暖暖的围巾围在我的脖子上，他的围巾太大了，快把我整个人都包了起来。他像一位动画片里的英雄，把我从寒冷中带到了温暖中。

爸爸的手

孙起杭

在我的记忆中，爸爸的手是大大的、粗粗的，这双手包含着爸爸对我的爱。

小时候，有一次我和爸爸在大街上走着，突然我被一大块石头绊倒了，打了一个趔趄，趴在了地上，腿被地上的碎玻璃划开了一个口子，流了好多血。我大声哭了起来，爸爸看到后，用他的大手一下子把我拉起来，背到了背上，向医院跑去。在路上，爸爸强壮的手也疲倦了，冒出了许多的汗，跑的速度也慢了。这时，不知爸爸哪儿来的劲儿，又使劲把我往上一背，咬牙坚持小跑着，终于到了医院。在医生给我消毒时，我看见在一旁站着的爸爸，两只手紧张地相互搓着，气喘吁吁地问医生有关我的情况，我默默地流下了眼泪。

还有一次，学校召开运动会，我在赛跑中不小心滑了一下，重重地摔在了地上。爸爸赶紧跑过来，用粗大的手把我拉了起来，对我说："孩子，不要灰心，继续跑，爸爸相信你！"说着推了我一把，我不知哪儿来的力气，飞快地跑去，坚持跑到了终点！是爸爸给了我

她改变了我

力量。

　　一次语文考试，当试卷发下来时，本来信心满满的我惊呆了。"88"，一个血红色惨不忍睹的数字出现在眼前，这是我考得最差的一次。我走在回家的路上，心里闷闷不乐，想着爸爸看到我试卷时愤怒的表情，让人害怕极了。回家时，爸爸看见我闷闷不乐的样子，问我："怎么啦？有心事吗？"我把卷子给了爸爸，原以为爸爸会大发雷霆，可是爸爸看着卷子却给我细细讲解。之后他又用他那粗壮的手拍在了我的肩膀上，对我说："没事，下次努力，我相信你会考好的！"爸爸的手，给了我鼓励。

　　爸爸的手，陪伴着我长大，留在我记忆的最深处。

她改变了我

崔大雷

　　班主任张老师正讲得起劲，我懒洋洋地趴在桌上，想找点儿事做做。

　　前桌的女同学，长长的头发，用一根红绸带梳了一条"马尾巴"，回答完问题后，"马尾巴"一甩，神气地坐了下来，接着又是老师的表扬。哼，臭美！

　　"马尾巴"慢慢地垂下来了，再低一点儿，再低一点儿……好，我摸出剪刀，一根又一根的头发梢落在我的桌上，她毫无察觉。我偷偷地笑着，剪着……同桌用手肘轻轻地碰了我一下，我连忙收起剪刀，张老师的目光扫了过来，我马上装出一副专心听讲的样子。

张老师转过身去黑板上写字了，我揪住"马尾巴"的一根头发，起劲往下一拉，"马尾巴"身子一颤，转过身来，狠狠地瞪了我一眼。等她一转身，我又揪了一根……

"哎哟！"一声娇叫。

"什么事？"张老师关切地走到"马尾巴"跟前。

我的心怦怦直跳，张老师对她这个尖子生向来很偏爱，这回我又得挨训了，更糟的是，如果告到我爸爸那儿，可免不了吃一顿"炒饭"。

"我，我的背不小心撞在桌角上，撞痛了！""马尾巴"红着脸支支吾吾地说。

教室里响起了吃吃的轻笑声，"马尾巴"脸更红了，委屈地低下了头。

放学了，我鼓起勇气追上去，第一次叫她的名字："春燕，我……我以后再也不会扯你头发了……"

"小雷，扯头发的事不用说了。以后上课专心一点儿，好吗？"

143

这话她不知说了多少次，我觉得这一次她说得特别受听。她的"马尾巴"一甩一甩的，又向前走去，我突然发觉这"马尾巴"是多么漂亮啊！

我们班的三个"活宝"

史 娟

我班有三个"活宝",说起他们的故事,三天三夜都讲不完。

阿超,体形庞大,可偏偏长了一对小小的时而显出狡猾的眼睛。叫他"超"的原因当然不单是因为他叫孟超,而是他超乎寻常的古怪(主要表现在考试前后)。每次老师夹着考卷走进教室时,阿超就会用力瞪圆小眼,念念有词:"上帝,保佑我呀!"成绩下来了,如获得了优异,阿超就会不屑一顾地冷笑两声:"哼,小意思!"没有考好时,他时而沮丧地走来走去,时而大声号叫,不知道的人还以为我班来了一匹"北方的狼"呢!

刘洋是我们班上的"班草"。他酷爱篮球,可个子太矮,尽管削尖了脑袋要加入校球队,但次次都被教练赶出场外。他却总不死心,扬言要打动教练那颗铁石之心。结果被教练揪住,"责令"他这个"童话里的小矮人"快快长高。不过,教练还真接纳了他。从此,球场上就多了他的身影。哦,忘了告诉你了,叫他"班草",可不是因为他长得帅,而是他爱耍酷。他口袋里总装着小梳了、小镜子。喜欢用水把头发打湿,用梳子梳呀梳,然后把一撮头发向后一甩,举着镜子,眯着眼自我陶醉一番。每当这个秘密被老师发现并没收了他的"作案"工具时,他就会得意地从身后拿出另一面镜子,另一把梳子，说："哈哈，还有备份！"

至于"君子"嘛，一副傻样，却总把古诗文背得滚瓜烂熟，不得不叫人瞠目结舌。他有一句口头禅："君子成人之美。"有大事小事都找他，他倒也不推辞，热情相助，最后当然不忘说一遍自己的口头禅。可是最近，他心情不好，大概是想家了，也就不主动帮助大家了。或许就是为了这，他竟落了个"伪君子"的称号。

这就是我班的三个"活宝"。

我们班的四大美女

黄雅莉

提起我们班，有趣的事特多，最著名的要算班里的四大美女了。别着急，我一个一个从头说起。

范珊娜是四位中最厉害的一个，长着一张圆圆的脸，一双大大的眼睛，不太高的鼻子，张嘴一笑，就露出两个浅浅的酒窝，再戴上一副眼镜，那可是十足的"小博士"样。她的爱好是书法，毛笔字可是学校里数一数二的，她的杰作还上过学校的宣传栏呢！她的作文水平也非常高，曾多次在全国、省市作文比赛中获奖。她还是老师身旁的得力助手呢！理所当然，她的学习也不错，多难的题，一到她手里，立刻就变得简单了。为此，我们给她起了个外号"万事通"。她心情开朗，无论什么事，她都高高兴兴，而且以助人为乐，是班里的名人呢！

"求求你了，让我也玩玩吧！"哎，这不是朱琳的声音吗？她呀，长着一双浓眉大眼，留着一头短发，让人越看越爱。一张口，净说好话，连死马都能说活了。她的优点是舞蹈跳得好，班里每次跳舞都少不了她。她还热爱劳动，可就是学习不太好，次次才考七十多分，真让人替她感到惋惜。

"雅莉！"有人叫我。我回头一看，没有人呀！一定是马慧，她最爱捉弄人了。说起这马慧呀，模样跟范珊娜差不多，却长着一米六五的个儿，站在同学们中间好像"鹤立鸡群"。她热心帮助集体，学习也不错。同学们对她可是百分之百的满意啊！

"雅莉，写什么呢？"原来是王璐，我故意收起一脸的高兴，严肃地说："写你呢！""真的？那你可要写写我的好处哟！比如爱劳动、爱学习、关心集体什么的！"说完笑着跑开了。让我写优点，我偏写缺点！其实王璐这个人还不错，也算是位平平凡凡的好人吧！

我们班的四大美女怎么样啊？

146

难忘那次考试

苏晓宇

今天要期末考试，我早早地起了床，洗漱完后，听妈妈说，吃一个油条和两个鸡蛋可以得一百分，于是我就吃了一个油条和两个鸡蛋，并在心里对自己说："加油，你一定可以的。"我拿着文具盒走在去学校的路上，一边走路，一边复习着书上的课文。

来到了学校，我怀着紧张的心情走到了自己的考场，赶紧坐下来。先考语文，试卷发下来了，我大致浏览了一下，发现这些题其实并不难，于是我就做了起来，但是我一下也不敢停，生怕那试卷写不完。不一会儿，我的手上就出了许多的汗，我也不管了，使劲在裤子上擦了擦，继续专心答卷。

之后我又考了数学、英语，回到家里以后头昏昏沉沉的，很快就睡着了。醒来以后，爸爸妈妈笑眯眯地对我说："孩子你知道你考了多少分吗？"我摇摇头，爸爸妈妈说："你语文考了一百分，英语考了一百分。"我听了之后高兴得一蹦三尺高，我急切地问妈妈："数学呢？"爸爸妈妈说："不知道。"我自信满满地说："肯定得了一百分。"

等到领成绩单那天，我兴高采烈地来到了学校，打开成绩单一看，数学只得了九十二分，我伤心地走在回家的路上，想到爸爸又要骂我了，我的眼泪流了出来。回到家里爸爸问我："数学考了多少分？"我说："九十二分。"爸爸没有骂我，反而对我说："没事，下次考好就行了。"这让我感到非常意外，我抹了抹眼泪说："嗯。"

通过这一次考试，我知道了其实爸爸也是很温柔的，同时也深深感受到了爸爸对我深沉的爱。

货真价实的第一名

张　勇

早读课上，第一单元的数学考卷发下来了，同学们有的喜上眉梢、得意扬扬；有的愁眉苦脸、闷闷不乐；有的在专心致志检查试卷；有的当起了探子，在东张西望地"偷窥"别人的试卷。

忽然，牛伟后排的"调皮鬼"李明扯开嗓门儿大声喊："往这边看，往这边瞧呀，我们班出现了天大的怪事：从来都只是勉强及格的牛伟这回考了九十八分，跟他的新同桌——中队长小非——并列第一。""呼啦"一声，同学们都闻声赶来，把牛伟和小非围了个水泄不通。"快嘴"张力故作惊讶，睁大了眼说："奇了，怪了，牛大哥，你才和小非同桌几天，怎么一下子就蹿到第一去啦？"

"这有什么奇怪，牛伟和小非是邻居嘛！当然得互相'帮助'喽！""乌鸦王"李军拉着长声油腔滑调地说。小非只是淡淡一笑，仍然继续检查试卷。牛伟忍不住了，"噌"地跳了起来，争辩道："你们凭什么说我偷看？！"

"那当然喽！他们既是同桌又是邻居，当然得相互'帮助'啦——""调皮鬼"李明和"乌鸦王"李军一唱一和，阴阳怪气地说道。

牛伟受不了刺激，涨红了脸，大声吼道："没有，就是没有，再胡说，我可要扁你们了！"

李明大声怪叫："哎呀呀！怕怕呀，牛大哥要请我们吃牛蹄啦！"李明那怪模怪样逗得同学们哈哈大笑。

牛伟的肺都要气炸了，脖子上起了一根根青筋，声嘶力竭地指着那些男生说："你……你……你们……"同学们看见牛伟被气成了结巴，又哄堂大笑起来。这时的牛伟更是七窍生烟，牙齿咬得咯咯作响，捏紧拳头，准备"决一死战"，恨不得把那些油嘴滑舌的家伙一拳头砸到十八层地狱，以解心头之恨。

正在这紧急时刻，小非按住牛伟的手，平静地说："牛伟，别打架，为人不做亏心事，半夜不怕鬼敲门，清者自清，浊者自浊，让他们说去吧！""丁零零……"第一节上课铃声响了，同学们也一哄而散。

　　课堂上，老师表扬了小非。原来，这个暑假小非一直坚持给牛伟补课。小非诚恳地说："老师，我还有不足，自己没学好功课，还把牛伟教错了……"

　　教室里顿时响起了雷鸣般的掌声。

噩梦般的考试

乔奕铖

　　今天下午我本来很开心，却被一个噩梦——考试终结了，我仰天长叹："唉！该来的总是会来的。"

　　噩梦般的考试终于还是开始了，词语部分对我来说都是鸡毛蒜皮的一些小事而已，不到几分钟我就完成了。

　　接下来又要和"句子加工厂"过招了，出题老师还真厉害，全出了些我以前不会的题，以前看到这些题，我就像丈二和尚摸不着头脑，但经过爸爸的魔鬼式训练，我对它已经了如指掌了，所以就轻松地走过了句子关。

　　阅读关，是我多次丢下分数的难题，但自从我掌握了"仔细读课文，答案就在其中"的这一答题秘诀。总的来说答题还算顺利吧！

　　到最后一关——作文了，这次的作文题目让我大吃一惊，我想起来今天刚写过这篇作文，刚刚我还把我写的作文背过了，这才让我松了一口气，就在那最后一秒间我写完了最后一个句号，考试就结

她改变了我

束了。

后来，我发现答题时很轻松，为什么还要怕考试呢！

与妈妈打赌

孟 中

今天是发试卷的日子，我的心里忐忑不安，这是因为，我跟妈妈打了个赌。

刚考完试，我对妈妈说："妈妈，如果我考了满分，你就要给我买滑板车。"妈妈说："等你考了一百分再说。"我高兴地跳了起来。"慢着，"妈妈说，"要是考不了一百分，今年的零花钱就没有了。"我的心情瞬间变得像乌云一样，心想：万一考不了一百分，妈妈就把我一年的零花钱没收了。我越想越担心，自言自语道："希望成绩单能早点儿发下来，好让我看到成绩。"

终于挨到了发试卷的那天，我来到教室，老师走了进来，开始宣布成绩。我紧张得手心里全都是汗，眼巴巴地看着老师。老师开口说："祝贺全年级唯一一个满分的同学——孟中。"听到这里，我激动得眼泪都流出来了。

回到家，妈妈看我满面春风，惊讶地问道："考了多少分？不会真的考了满分吧？"我得意地说："当然是考了满分啊，咱们的约定还算不算？"妈妈高兴地摸着我的脑袋，"算，当然算，妈妈跟你说好的，明天就去买滑板车。"我高兴得一晚上都没睡着。

第二天，我抱着崭新的滑板车，心里那个爽啊！

趣味运动会

刘佳琪

上个星期六，我们学校热闹非凡，红红的灯笼挂在校门口，一幅幅励志的条幅悬挂在两栋教学楼之间。

上午，我们举行了亲子趣味运动会。快看！那不是卢子慧的家长吗？他们父女两个将身体套进袋子里，正在玩"袋鼠跳跳跳"呢，旁边的同学喊："加油，加油！"场面多激烈呀！

旁边的空地上，正在举行"两人三足"的游戏，高宇航的家长太搞笑了，眼看要被别人超过去了，一下子把高宇航提了起来，跌跌撞撞往前跑。还有一位同学更逗，他和爸爸不紧不慢地走着，在别人都已经快走到终点的时候，他们一点儿都不着急，还在有说有笑地聊天……

下午，我们举行了学生单独的运动会。我坐在赛道旁的椅子上，看到了啦啦队的女同学正在卖力地大喊："加油，加油。"她们喊的声音真大，鼓舞了在场的每一位运动员。随着老师的一声哨响，绕操场一圈的接力赛开始了，参赛的同学们用力地跑着，汗水布满了整个脸，他们努力拼搏的精神感染了我们每一个人。比赛好激烈，我们班前三棒落后了好大一截，希望寄托在最后一棒的男生身上。只见他接过接力棒，头也不抬地往前冲，像风一样快，马上要冲刺了，他和前面的选手只差一点点，加速、冲刺，终于在最后一刻，成功地实现了反超，我们胜利了。"赢了，赢了！"我们欢呼着、雀跃着，他们为我们班争得了荣誉奖状，我们都以他们为骄傲！

这次运动会在悦耳动听的音乐声中圆满结束了，这是多么有意思的运动会呀，不仅让家长和学生互相了解，还让我们的班级更加团结！

足 球 比 赛

杨书奇

今天是一个重要的日子，因为今天是学校举办第三届校园足球联赛的决赛。我们班一路过五关斩六将，取得了争夺冠亚军的资格，过会儿我们班将会与七班争夺冠军。

"咻——"随着一声口哨声，我和其他球员一起走上了赛场，向观众们鞠躬致意。比赛开始了，观众们加油的声音像一阵阵雷声，让我们热血沸腾。我们班的李王子带着球，飞快地突破了对手的一道道防线，马上就要接近对方的球门了。突然，对方的一名球员抓住了李王子的衣服，把球抢了过去，裁判竟然没有发现。我和秦朗赶紧回防，成功地拦住了那名球员，把球抢了回来。对方又上来抢球，秦朗把球传给了我，我一个长传，球准确地落在了李王子脚下，只见他一脚大力射门，球进了！我们激动地欢呼起来，抱作一团……接下来的比赛，对手很顽强，一点儿都不放松，但是我们不慌不忙，把球控制得牢牢的，尽量减少失误，抓住他们防守的漏洞，将足球一次又一次送进了对手的球门。最后，我们以7∶2完胜对手。

比赛结束了，我们站在高高的领奖台上，举起了闪耀着光芒的奖杯，我的心里无比自豪。

难忘的歌咏比赛

刘怡洋

去年的歌咏比赛，是我一生中最难忘的活动。

国庆节的时候，我们四、五、六年级的全体同学在操场集合，我们整装待发，随时准备上台表演，争夺冠军。

首先上场的是六年级。瞧，他们那趾高气扬的样子，像是在说："冠军是我们的！一定要打败所有的竞争对手！"

慢慢的，轮到四年级了。四年级四班穿着军装向台上走去，他们步伐整齐，气势高昂，像一个个小战士在保卫祖国的边疆。

接下来我们四年六班了，我们抬头挺胸地向台上走去。开始表演了，我们一个个的嗓子都很快喊哑了，最后一首歌是一个绕口令，而我们却流畅地唱着，观众们都非常惊讶，张大了嘴巴，再加上指挥毫不差，领唱的动作都很到位，我们的动作也很整齐，表演完之后，台下响起了热烈的掌声。

最后，很遗憾我们没有得到奖，但是没关系。只要有付出，就不会有遗憾，这次的歌咏比赛令我难以忘怀。

夏季运动会

孙惠文

今天又是三年一度的夏季运动会，我怀着激动的心情来到了体育场。

我们站在我们的场地里为那些参赛的运动员们加油助威，这边正在激烈地举行着跳远运动，我们班的高易果往后退了九步远，又向前冲刺，腾地跳了起来，跳得很远才落地。再看那边，富家豪正举起一个铅球，用尽全身的力气扔了出去，扔出去很远才落地，真厉害啊！随着他们的发挥，看台上观众的情绪也被调动起来，加油声一声高过一声，震耳欲聋，好像大地都开始摇晃起来了。

最关键、竞争最激烈的男子四百米赛跑开始了，我跟着体育老师来到了比赛场地。我们正在做热身运动时，突然，赵老师走了过来，给我加油，并向我投来了鼓励的目光，那双眼睛好像在说："加油，我看好你。"

热身完毕，裁判老师一声令下，我们就像一支支离弦的箭，直往前冲。脚下的白线不断地向后移着，风呼呼地向我迎面扑来。我一秒也不敢停歇，当从我们班的场地跑过时，同学们都拿出拳头，站了起来为我加油。

剩下一圈了，我疲惫得不行了，放慢了脚步，看见那几个人都被我远远地甩掉了，可还有一个人追了上来，我咬紧牙关冲了过去。近了！近了！五米，三米，一米……哇，我第一个冲到了终点，我欢呼了起来。

运动会真有趣呀，我喜欢运动会，我盼望着下一次运动会的到来。

八月桂花香

李树峰

外公家的小院里种着两棵桂花树，每年到了八月，桂花就争相盛开了，小院里到处弥漫着醉人的幽香。

桂花的茎是墨绿色的，桂花的叶子也是墨绿色的，就像冬青树的叶子。微风吹来，沙沙作响，小小的花叶，就像一叶叶扁舟随波起伏。淡黄色的桂花，有一粒米大小，每朵桂花都有三个花瓣，就像电扇的扇叶似的。那一朵朵吐着奇香的小花，真像一颗颗小珍珠缀在桂枝上，可爱极了。

金色的八月，桂花的幽香在小院里飘溢。我们吃完晚饭，坐在桂花树下聊天、乘凉，闻着那浓郁的花香，都陶醉了。

我爱飘香的桂花……

水 仙 花

冀 娅

妈妈带回了一盆水仙花，我喜欢得不得了，一天要去看它好几次。

妈妈告诉我，很快就要到水仙花开花的季节了。只要精心照顾它，一定会开出美丽的花朵。

于是我盼呀，盼呀，忽然有一天，我发现水仙长出了几片叶芽，它们张开了小嘴，露出小舌头一样的嫩叶。慢慢地，叶片中捧出了一个个小花苞。花苞鼓鼓的，花蕾就像一个个小宝宝，躺在花苞里甜甜地睡着。小宝宝总算睡醒了，你不让我，我不让你，从花苞里挤了出来，伸伸胳膊，蹬蹬小腿，舒活舒活筋骨，探出了顽皮的小脑瓜。

我听到花开的声音啦！从梦中醒来，我来到水仙旁：花蕾们枕着绿叶，睡得正香呢。

"开了，开花啦！"听到我激动的呐喊，爸妈赶忙跑到阳台来。

"妈妈，你快看这朵，躲在绿叶后面，悄悄地打开了折叠着的小伞；快瞧那朵，偷偷地扒开绿叶，正瞅着我笑呢。"一朵、两朵、三朵……它们在窃窃私语，诉说着昨夜的美梦。

它们开得那样热烈、那样活泼，六片洁白的花瓣中，点缀着嫩黄的花蕊，散发着醉人的芳香。花儿们一律低着头，是害羞吗？不，它们在倾诉着对根的思念。

啊！水仙，当你羞涩地打着骨朵儿时，我迫不及待地盼着你怒放；现在，你真的怒放了，我却没有勇气去倾听你的颤动，因为，你伴随我的时光不多了。

我 爱 荷 花

孟 梦

我曾见过许许多多美丽的花卉，但我最喜爱的还是出淤泥而不染的荷花。

157

夏天，我曾去高静园观赏荷花。步入小湖，阵阵清香随风飘来，亭亭玉立的荷花跃入我的眼帘：在碧绿碧绿的荷叶上，水珠滚滚，晶莹透明。这朴实无华的荷叶，用它宽大翠绿的身躯，托着一朵怒放的雪白雪白的荷花，在阳光的照耀下，这荷花放出耀眼的白光。

一阵微风拂过，一朵朵荷花仿佛变成了一位位披着白纱、婀娜多姿的仙女，在绿色的舞台上翩翩起舞。好美啊！我陶醉了，陶醉了，陶醉在这宛如仙境的美景之中。我深深地被这白色的荷花所感染了。

这荷花洁白得如同一块无瑕的白玉，谁也不会想到，它的生活环境竟是那么糟糕——乌黑乌黑的淤泥之中，散发出的味是那么腐臭，可当荷花挺出水面，向人们露出可爱的笑脸时，却是如此洁白无瑕。

我爱荷花，因为我爱它那出淤泥而不染的品格。

赏　菊

孙俊宜

秋天来了，我家阳台上的菊花也次第开放。一朵朵菊花千姿百态，形状各异，真叫人赏心悦目。

今天，天气格外晴朗，我又一次兴冲冲来到阳台上赏菊。一朵朵色彩绚丽的秋菊，仿佛都一齐向我张开了笑脸，我顿时被眼前的景色陶醉了。正当我看得出神时，妈妈悄悄地走过来，她微笑着问："小爽，这菊花好看吗？"我赞叹不已："好看，当然好看啦！"听了我的回答，妈妈脸上浮现出满意的笑容，接着又问我："你知道我为什么要栽菊花吗？""好看呗！不好看干吗栽呀！"我脱口而出说了一个"道理"。妈妈好像对我的答案并不满意，她又问我："你再好好想想，菊花除了外表好看外，它还有什么可贵的内在精神，值得你学习呢？"我被妈妈难住了，认真地想了一会儿也想不出菊花有什么可贵之处，我对妈妈说："菊花就是一种花嘛，哪有什么精神呀。"听了我的回答，妈妈的神情一下子严肃起来，用略带批评的口吻对我说："你的书上不是有吟秋菊的诗吗？你难道对它的精神都不懂？"妈妈稍停了一下，缓和了语调，又语重心长地对我说："古人赞菊'我花开后百花杀'。当风雪严寒袭来的时候，所有的花都收起了笑脸，枯萎了腰肢，唯有菊花却在凛冽的寒风中傲然挺立，越开越艳。"

　　啊，我恍然大悟，自责起来：菊花的精神如此可贵，我居然忘记了，多不应该呀！于是我对妈妈说："妈妈，我明白您对我说的一切，您是叫我做人要像菊花那样，不畏风霜，不怕困难，遇到困难和挫折应该挺起腰杆，毫不气馁、退缩。您说是吗？"妈妈点点头开心地笑了，接着她又说："我把这几盆菊花交给你管理，当你遇到困难时就让它鼓励你勇往直前吧。"我高兴地接受了妈妈珍贵的礼物，凝视着面前迎风盛开的菊花，一股敬佩之情油然而生……

不爱刷牙的妹妹

霍田田

　　早晨起床，妈妈让我带着妹妹去洗脸刷牙。唉，怎么又把这么重大的任务交给我？

　　"我的牙刷太硬了！牙膏的味道太难闻了！"这不，刚洗完脸，妹妹就开始耍赖，不想刷牙。她仰起圆圆的脸蛋儿，瞪大乌黑的双眼，抿紧粉红色的小嘴，一脸委屈相，使劲摇摆着我的手说："姐姐，不想刷嘛，不想刷嘛！"她一溜烟跑到自己的书桌旁，对我说："姐姐，我要写作业了，写完再刷牙，可以吗？""不行，先刷牙再写作业。"我死死盯着妹妹，她的眼眶里已经盛满了泪水，像一粒一粒的珍珠顺着她的脸颊往下掉。我一本正经地说："不行，必须刷牙！"妹妹带着满脸的泪花跑去找妈妈："妈妈，姐姐欺负我！"

忙着准备早餐的妈妈也不听我解释，直接就埋怨我："怎么又欺负妹妹！"我转头看妹妹，她却在妈妈身后偷笑，一脸得意的样子。

"我没欺负她，是她不想刷牙，假装哭的。" 我向妈妈告密。还是妈妈威力大，只见她大吼一声："刷牙去！"妹妹就跑到卫生间刷牙去了。只见她走到洗手池旁，接了一牙缸水，拿起自己的牙刷，喝一口水，"咕嘟咕嘟"，牙刷在嘴唇边沾了沾，就把水吐了。然后昂首挺胸地从卫生间走出来，轻松地说："我刷完了，姐姐。"

这就是我的妹妹，真让人没办法！

我眼中的弟弟

刘怡蕊

我眼中的弟弟，他是一个活泼开朗的小男生。

他长着一头乌黑的短发，眉毛像毛线一样细，脸像一个熟透了的水蜜桃，圆圆的，耳朵软软的像一团棉花。

他每次生气的时候，嘴巴抿着发出"咯吱咯吱"的声音，开心的时候嘴大得可以吃下一头大象，眼睛小得眯成了一条缝。

弟弟过生日的时候，最搞笑的动作就是吹蜡烛了，他总是抿着嘴巴用力吹，鼓起的小脸蛋儿像一个打足气的皮球，费了好大力气，蜡烛终于灭了。吃蛋糕时，弟弟用两只手直接上去抓，直往嘴里送，真像一只饥饿的狼遇到了温顺的小羊一样，不一会儿，嘴巴上鼻子上全都是奶油，逗得大家哈哈大笑。

这就是我眼中的弟弟，一个活泼可爱的弟弟，我爱我的弟弟。

我的小伙伴

赵俊午

我和弟弟是一对双胞胎。我们从小一起长大的，也是一起玩大的。

我们两个有很大的不同。我特别胖，脸蛋儿上的肉都鼓出来了，下巴上还有一块多余的赘肉。由于肥胖，我穿的衣服都是大码。我的弟弟呢，特别瘦小，他有一双小小的眼睛，像两粒葡萄。每次我跟他说话的时候，离远一点点就看不到他的眼睛在眨。

我的弟弟不但个子小，胆子也很小。记得有一回，我和弟弟打球。我打了一个飞球，球像一颗子弹一样飞向了弟弟，把他吓得屁滚尿流。

虽然弟弟胆子小，但是他很崇拜我。有一回，我们比赛跑步。我们先定了一个点当作终点。比赛一开始，他就像一只兔子拼力跑向了终点，可惜，我已经早到了。他问我："你怎么跑得那么快啊！"我说："我和高手比跑步，是不顾一切地跑的，和你比，我才用了一半的力量来跑的。"我弟弟惊讶到："啊，才用了一半的力？佩服！佩服！"

161

她改变了我

我和弟弟还有不同点呢！我喜欢安静地坐在那里看书，而弟弟却非常好动。有一回，我正在看书，弟弟跑过来对我说："哥，陪我玩，陪我玩！"我说："天天就知道玩，没听过'读书破万卷，下笔如有神'这句话吗？"弟弟说："没听过，但是你不陪我玩的话，我就告诉妈妈，说你不陪我玩！"我说："好，好，好，我陪你玩！"……

这就是我的弟弟，也是我的小伙伴，一个淘气的小伙伴。

太白山游记

苏勃瑞

国庆节，我们一家去了宝鸡的太白山，享受了一次难忘的美景之旅。

坐着大巴车到达山脚，向上望去，只见太白山高高地矗立在一片云雾之中，随着高度的变化，呈现出不同的颜色。最下面是带着些许淡黄色的一层层的绿树，越往高处颜色越深，快到山顶时，却是白茫茫的一片。整个太白山像是一个层次丰富的美味的蛋糕，让我垂涎欲滴。

这时，山里忽然起雾了，整座山变得灰蒙蒙一片，雾气就在我们身边绕来绕去，仿佛进入仙境一般。上山时，我们只拿了一个大包，里面放了许多食物、水和冲锋衣。坐上缆车，爸爸给我讲起了太白山的主要景点：莲花峰瀑布、泼墨山、世外桃源、三国古栈道、天圆地方和大爷海等。

到了缆车终点，我们才开始真正地爬山。爬的不是山路，而是台阶。这台阶很窄，最多能容下三个人，再加上路面湿滑，这使我们爬山变得异常困难。一步一步地上台阶，时不时地还要跺跺脚上的泥，打滑时还要手脚并用地向上爬，给人感觉狼狈不堪。我们很累，因为山上空气稀薄，上几级台阶就要休息一会儿，大口大口地喘着气。

等我们爬到山顶，景色立即使我惊呆了：云雾缭绕的树，也换上了雪白的新装，从上面往下看，使我想到了，"会当凌绝顶，一览众山小"，我自己也触景生情作了一首小诗："祖国生日庆，太白山中行，大好河山美，壮我爱国心。"

我爱这美丽的太白山，这景象，我永远也忘不了！

秋游九华山

王　帅

今年国庆假期，爸爸带我去九华山玩。

来到山脚下，我抬头向山顶望去。山顶这么高，我能爬得上去吗？再看看那陡峭的石阶，石阶两旁是悬崖峭壁，真让人心惊肉跳。功夫不负有心人，当我们费了九牛二虎之力后，终于来到了我们的终极目标——九华山天台。

天台上的山峰连绵起伏，云遮雾罩，真是美如仙境。最引人注目的要数"一线天"的景观。它很神奇，是由两块巨大无比的石头生长到一起，中间留下了这条缝隙。从这条缝隙里看，好似一条细细的白线从天而降。瞧！那里还有许多游人在纷纷拍照留念。站在天台上向下望去，山下的风景尽收眼底。

当然，看到最多的要数松树。它们千姿百态，有的像雄鹰展翅高飞；有的像凤凰一样昂首挺胸地歌唱；有的像五光十色的大伞，为大家遮风挡雨。奇石不但不可计数，而且奇形怪状。看，有的像西游记里的五指山，险峻陡峭；有的似一只战象，随时准备去战斗；有的如一只乌龟趴在那里，懒洋洋地沐浴着阳光……

再远处，只见云海一片，山峰、寺庙，在蒙蒙的云雾中若隐若现，难怪人们都说："上九华山，不上天台，等于没来。"这话一点儿也不假。不登上天台，美如画的景色怎么能看得到呢？

游 黄 山

高彦龙

正月初二一大早，我们一家人坐车来到黄山脚下，抬头一望，只见山顶云雾缭绕。云谷索道站，真是人山人海，大家都赶着来游览黄山奇景。我们排了整整两个小时的队才坐上缆车。鸟瞰黄山，一座座山峰连绵不断，高耸入云，偶尔能见到几条冰冻的飞瀑。高大挺拔的松树随处可见，好似一位位士兵日夜守卫着黄山这座雄伟壮观的城堡。看着，想着，缆车已把我们安全送达白鹅岭站。

开始登山了。我们挂着登山杖，拾级而上。没走多久，妈妈就累得气喘吁吁，看见一旁的石凳直喊休息一会儿。我们一路停停走走，还一路补充能量。走过始信峰，走过鳌鱼峰，走过光明顶，又走过玉屏峰，整整走了将近四小时。离开光明顶走向迎客松的那段路，又窄又险，游人又多得如织，摩肩接踵。每过半分钟，我们才能挪动一小步。这种蜗牛爬的速度，进退两难，真是让我抓狂，后悔不该来黄山。但是，当我亲眼看到黄山的奇松、怪石、云雾时，又让我大开眼界，觉得不枉此行。

黄山的松树真奇呀！它们都扎根在危岩峭壁之中，没有大量的泥土覆盖，但是根须却牢牢地攀岩在岩石缝中，不管风吹雨打，都如一位位坚强的战士傲然挺立，绝不动摇。松树的针叶短而稠密，犹如千万根绣花针。树冠平整如盖，又如一朵朵绿色的云层。松树种类万千，姿态百出，有黑虎松、倒挂松、望泉松、陪客松……最有名的要数迎客松了。它身披绿褂，挺立于玉屏峰东侧，只有两大侧枝展向前方，仿佛是一位热情好客的主人，挥展双臂，迎接来自五湖四海的游人。我们纷纷与这位八百岁老人合影留念。

黄山的石头真怪呀！几乎每座山峰上都有千奇百怪的石头，似人似兽，惟妙惟肖。瞧，一个平台上，有一块高耸的巨石，巨石上有一个"角"，活像一只犀牛，这就是"犀牛望月"。但是从另一侧看，这块巨石又像一个可爱的大葫芦。"乌龟爬山"更逼真。只见半山腰，一只探头探脑的"小乌龟"似乎正一步一步地往山顶爬，真是有趣极了！还有"老寿星观海""仙人晒靴""霸王龙捕猎"等都妙趣横生。真是"横看成岭侧成峰，远近高低各不同"呀！

黄山的云雾真是神秘莫测！它犹如一个顽皮的孩子，和黄山捉着迷藏。一会儿，它把整座黄山给掩藏起来，只见白茫茫的一片，看不到一点儿绿；一会儿，它又露出山峰的一角，山中的松树在云雾中若隐若现，我们仿佛走入了仙境；一会儿，它又全散开去，让我们清晰地看见黄山的真面目。可惜，我们没有看到壮观的云海。听说第二天就出现了一年中只出现三十来次的云海，我们与它擦肩而过，真是可惜了！但是能目睹这神奇的云雾，我也知足了！

　　我领略了大自然的鬼斧神工，陶醉于大自然的神秘莫测，惊叹于大自然的雄伟壮观！